老干妈你学不会
LAOGANMA NI XUE BUHUI

周锡冰
周梅梅
吴旭芳
著

厦门大学出版社
XIAMEN UNIVERSITY PRESS
国家一级出版社
全国百佳图书出版单位

图书在版编目(CIP)数据

老干妈你学不会/周锡冰,周梅梅,吴旭芳著. —厦门:厦门大学出版社,2019.1
(财富商学院书系)
ISBN 978-7-5615-7156-9

Ⅰ.①老… Ⅱ.①周…②周…③吴… Ⅲ.①食品工业—工业企业管理—经验—贵阳 Ⅳ.①F426.82

中国版本图书馆 CIP 数据核字(2018)第 258189 号

出 版 人	郑文礼
责任编辑	吴兴友
封面设计	拙　君
技术编辑	朱　楷

出版发行　厦门大学出版社
社　　址　厦门市软件园二期望海路 39 号
邮政编码　361008
总 编 办　0592-2182177　0592-2181406(传真)
营销中心　0592-2184458　0592-2181365
网　　址　http://www.xmupress.com
邮　　箱　xmup@xmupress.com
印　　刷　厦门集大印刷厂

开本　720 mm×1 000 mm　1/16
印张　12.5
字数　180 千字
插页　1
版次　2019 年 1 月第 1 版
印次　2019 年 1 月第 1 次印刷
定价　35.00 元

本书如有印装质量问题请直接寄承印厂调换

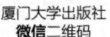
厦门大学出版社
微信二维码

厦门大学出版社
微博二维码

自　序

在中国企业家中,她非常低调,几乎不接受媒体采访,却把一瓶几元钱的辣椒酱做成与贵州茅台酒齐名的快消品品牌。

她"目不识丁",面对自己名字的三个汉字,不断地摇头说:"这三个字,太难了,太复杂了,好打脑壳。"

她经营的企业,几乎不打广告,却每天能卖出上百万瓶的辣椒酱,一年销售额高达45亿元。

她创业维艰,稳步发展,坚持"不贷款、不融资、不上市,不让别人入股,也不去参股、控股别人",最终成为行业冠军。她说:"我们没有(上市)这个需求,而且只专注做辣椒酱,不搞其他的,所以没有跟那些机构接触的必要嘛。"

她能够抵制诱惑,放弃做房地产,拒绝多元化。她说:"把一个行业做精。我们利很薄,就靠量,薄利多销。靠暴利那是不行的,滴水成河、粒米成箩。"

她不懂花哨的西式管理制度,却悟出"干妈式管理",即使是财务管理,也只有两笔最简单的账:进来多少,出去多少。

她不赊账,创业以来从没有改变过商业交易规则:一手交钱,一手交货。

....

她就是老干妈创始人陶华碧,媒体甚至将其誉为"辣椒酱帝国"金字塔塔尖上的女皇。如此称呼足以说明媒体对陶华碧的较高评价。在此评价背后,却是陶华碧无数个日日夜夜无比艰辛的创业之旅。

大量事实证明,机会永远是给有准备的人的,陶华碧也不例外。

由于中国的一段特殊国情,创业经商曾被视为投机倒把,经商者通常是要被批斗的。

在那段特定的历史里,批斗无疑烙印在每个中国人的记忆中。即使远在西南的遵义市湄潭县永兴镇,也是如此。因为出生在商人家庭,陶华碧经历中华人民共和国成立至"文革"期间波及乡镇的种种政治风潮也就在所难免。

这样的社会氛围与改革开放后的热门词汇,比如"致富""发展""下海""万元户"相去甚远,但是却为改革开放后那些敢于创业的、日后成为企业家的人们提供了一个难得的机遇。

1978年5月11日,《光明日报》在其头版刊发了一篇名为《实践是检验真理的唯一标准》的文章。该文章的发表被誉为中国理论界炸响的一声"春雷",引发了一场关于"真理标准问题"的大讨论。

该文指出,检验真理的标准只能是社会实践,理论与实践的统一是马克思主义的一个最基本的原则,任何理论都要不断接受实践的检验。如此结论从根本上否定了"两个凡是",为改革开放

自 序

拉开思想解放的序幕。

此后,由教授、科学家、下海机关工作人员、下岗工人、农民等组成的企业家队伍登上中国现代商业史的舞台。尽管时间已经过去40多年,但是在这样一个关键时刻,这批企业家敢于走向这个实现自己价值的舞台,其勇气的确可嘉。

不管他们是主动还是被动踏上这个舞台,都将面临前所未有的考虑,尤其像老干妈创始人陶华碧这批群体,更值得崇敬。因为他们不仅是这段商业历史的见证者,更是书写者。

当我们回顾这段波澜壮阔的商业史时,虽然时间久远,心情却依旧激荡澎湃。究其原因,改革开放以来,中国经济以每年9.6%的平均速度飞速发展,中国创造了举世瞩目的发展奇迹,亿万中国人的生活发生了翻天覆地的变化。四十年风雨征程,有多少艰辛的探索、伟大的创造,有多少可歌可泣、荡气回肠的故事"。

在这些可歌可泣的故事中,有的创业者是为了养家糊口,有的是为了自己的梦想,有的是为了改变自己的生活……而老干妈创始人陶华碧就属于第一种。

丈夫病逝后,陶华碧不得不肩负养家的重任。尤其是在20世纪80年代,物资极度匮乏的贵州,一个没有工作的寡妇,要养活两个儿子,其艰难程度是难以想象的。

1989年,陶华碧的丈夫病故,面临如此灾祸,陶华碧被动地开始自己的创业人生。经过艰苦奋斗,陶华碧谱写了一部现代版"阿信"的传奇故事。她先是靠卖米豆腐维持生计。做这个营生,陶华碧自己磨豆腐,背着上百斤重的米豆腐去卖,在搭公交车时被售票人员撵下车。虽然事隔多年,陶华碧却记忆犹新。陶华碧回忆说道:"售票员态度非常恶劣,几下就给你推下去。当时1毛5分的车票,我给3毛钱,她还不让我坐。我说不行也得行,今天非要坐。天天吵架。"

尽管如此,要强的性格促使陶华碧独自面对困难。当媒体记者说陶华碧"很要强"时,陶华碧的回应非常实在,没有打官腔或敷衍:"我(要)不强,我们生活都无来源。女人只要有事业心,哪都能撑下去。更何况现在党政策又好了,只要你不乱,我什么都做得到。"

在陶华碧的故事中,苦难总是与之相伴,正如孟子所言:"天将降大任于斯人也,必先苦其心志,劳其筋骨,饿其体肤,空乏其身,行拂乱其所为,所以动心忍性,曾益其所不能。"

我们研究老干妈时发现,在闪耀的光芒背后,却是异于常人的辛酸。对于陶华碧来说,家庭的变故是极其不幸的,但是她意外地发挥出自己优秀的经商才能,创造出一个"有华人就有老干妈"的快消品品牌,这是时代给予陶华碧一个"天高任鸟飞,海阔凭鱼跃"的舞台,从这个角度来说,陶华碧又是幸运的。

穷困中的陶华碧自然向往更好的生活,希望有朝一日也能衣食无忧。要想实现这个目标,她必须解决生存问题,因为"生活都无来源",何来衣食无忧。

在这样的背景下,陶华碧挑了一条最为艰难的路——创业。在创业这条路上,陶华碧精心研制辣椒酱,在创业初期亲力亲为,结果真的就赚到了钱,最后的收获远远地高于她的预期。正是寻求生存萌生创业想法,让陶华碧的老干妈实业越做越大。正是面临养家糊口的难题,让陶华碧在不经意中撬开了一个巨大的辣椒

自 序

酱冷门市场。

其后,在陶华碧的经营和管理下,老干妈辣椒酱开始走出贵州,南下广东,北上北京等地,甚至走出国门,成为华人必备的调味品和对家乡思念的寄托之物。

海量的市场无疑提升了老干妈的品牌价值。2018年5月,2018中国品牌价值评价信息发布暨第二届中国品牌发展论坛的数据显示,贵阳南明老干妈风味食品有限责任公司品牌价值为121.48亿元。

上百亿的品牌价值足以显示老干妈的含金量。在这背后,是老干妈创始人陶华碧的经营智慧和对产品的极致追求,更是对多元化诱惑和资本运作的抵制。

陶华碧认为,运作是"上市圈钱"。在她看来,"一上市,就可能倾家荡产。上市那是欺骗人家的钱,有钱你就拿,把钱圈了,喊他来入股,到时候把钱吸走了,我来还债,我才不干呢"。

据了解,陶华碧曾多次拒绝地方政府的上市提议。贵阳市市政府的官员曾在接受采访时表示,"和她谈融资的事情比引进外资还要难,她心里拿不准的事谁也说不动"。

据老干妈企业内部人士回忆,这些年来受到陶华碧接待的投资机构只有两家,这两家机构都是先赴当地,然后直接由政府部门的人引见,但陶华碧均回绝了其洽谈的要求。

陶华碧拒绝的理由是,"有多大本事做多大的事……我做本行,不跨行,就实实在在把它做好做大、做专做精。钱再来得快,也不能贪多"。

正是因为如此,老干妈的产品才能数十年保持品质的稳定。

在老干妈壮大的过程中,很多辣椒酱企业如春笋般创建,又纷纷消失在人们的视野中。可见,创业并不是人人都能成的。在"大众创新,万众创业"的时代,撰写陶华碧的创业故事,解读陶华碧曲折离奇的创业人生,挖掘陶华碧成功的创业基因,无疑比讲述当下"互联网+"时代里任何一个一夜暴富的创业传奇更具参考价值。

在创业过程中,失败率是很高的。统计资料显示,目前中国的中小企业平均寿命是2.9年。这样的失败率说明,如果创业太容易成功,那么创业本身的借鉴意义也不大。

在喧嚣的创业大潮中,有的创业者还没注册公司就想到要大举融资;有的创业者刚研发出产品,就号称做中国"沃尔玛";有的创业者为了节省成本,完全漠视瑕疵原材料进入生产流程;有的创业者口口声声称要有"工匠精神",却常常偷工减料,使得产品良品率低下……然而,陶华碧却为了原材料得罪自己的亲人,宁愿让机器停下来,也不让瑕疵原材料进入生产流程。不管在创业时期,还是在大规模发展阶段,她都利用有限的资源,把品质做到极致,在工艺上做到精益求精,在定价上做到"真不二价",在扩张上做到稳健,在口碑上做到货真价实,在推广上做到几乎"零广告"……

辣椒酱品牌百花齐放,包括深耕和打辣椒酱擦边球的数十个品牌,例如,海天、李锦记、户户、辣妹子、饭扫光、川南、饭爷、丹爷等品牌。在品类上,有剁椒、桂林辣椒酱、湖南辣椒酱、蒜蓉辣椒酱、韩国辣椒酱等。老干妈之所以能够独占鳌头,一个重要的原因就是建立技术壁垒,同时提供极致的产品,保持数十年稳定的

自 序

品质。

　　这看似简单的事情,却让很多创业者和企业家为难,因为他们真的无法复制,甚至真的学不会陶华碧的经营智慧,以及朴素的管理模式。或许这正是镀金时代创业者浮躁的原因,看不到山外有山,总是囿于融资、上市以及过分强调广告的思维。

　　这些投机取巧的做法,陶华碧深恶痛绝,且也不会做。陶华碧说:"产品一定要足量给顾客,不讲诚信就是自砸招牌。"

　　创业者如果做不到以客户为中心做出极致的产品,那么我建议这样的创业者千万别创业,因为创业不仅需要匠心般的执着,同时也需要屡败屡战的勇气。如果创业者没有这种勇气,就可能会成为微信朋友圈集体悼念的创业者。如果不想成为被集体悼念的创业者,那么就要学会抵制诱惑,学习陶华碧的坚韧的创业基因——"我打下的江山,我就把它做好,做专做精,我自己有多大能力就做多少事情。凭自己真本事做些事情,这样才活得有意义。不要想赚便宜钱,只要留得青山在,你还怕没得柴烧嘛。好生生去做,自己打下一片天,我觉得才是真本事,才有意义。人的一生当中,遇到困难的时候很多,但是我不怕。"

目 录

第一章 掘金冷门 ········· 1
歪打正着的"热门市场" ········· 3
老干妈之所以能够扬名国内外,是因为辣椒酱的商业价值
　　超乎我们的想象 ········· 15
"你问老干妈卖到多少个国家?我也不晓得卖到了多少
　　个国家,我只能告诉你,全世界有华人的地方就有
　　老干妈。" ········· 33

第二章 商者有域 ········· 38
有限资源挖掘企业边界:"滴水成河,把一个行业做精" ····· 40
"我们利很薄,就靠量,薄利多销。靠暴利那是不行的,
　　滴水成河、粒米成箩。" ········· 46
"不要去贪大,要先把自己做强,吃的东西祖祖辈辈都可以
　　延续下去" ········· 48

第三章 品质至上 ········· 51
把控原材料,即使亲妹妹也毫不妥协 ········· 53
宁愿让机器停工,也不愿让瑕疵原料进入生产流程 ········· 57

I

"事关公司的信誉！马上派人到各地追回这批货，全部
　　当众销毁，一瓶也不能漏掉！" ························· 60

第四章　精益求精 ································· 66
"不管什么产品，只要我一闻一尝，就晓得哪种配料没
　　放对。" ······································· 68
餐饮业不敢轻易替换老干妈，换老干妈就等于换菜 ········ 75
老干妈之所以打败百年"永丰辣酱"，原因就是精益求精 ··· 78

第五章　"真不二价" ···························· 84
"真不二价"："修合无人见，存心有天知" ············· 86
定价也是定位：价格区间内是老干妈的，擅入者死 ········ 91
金杯银杯抵不过消费者的口碑 ·························· 96

第六章　拒绝广告 ································ 101
品质第一，让消费者口碑传播，减少了广告这一促销
　　环节 ··· 103
3%左右的退货率让老干妈没有打广告的强烈意愿 ········ 105
投放广告的最终目的就是占领市场 ····················· 108

第七章　稳步发展 ································ 111
"和代理商、供货商之间也互不欠账，我不欠你的，你也
　　别欠我的，我用我的质量保证我的市场。" ············ 113
"我们有多大的本事，就做多大的事，实实在在来做，
　　这样子比较长长久久。" ························· 116

第八章　绝对控股 ································ 122
"截止到今天，我还是没有借过一分钱。" ··············· 124
陶华碧家族100%拥有老干妈股权 ······················ 130

目 录

"什么上市、融资这些鬼名堂,我对这些是蒙的,我只晓得
　　炒辣椒,我只干我会的。" ………………………………… 134

第九章　敢于打假 …………………………………………… 141

"你看到假冒的产品,就告诉我,我会付给你感谢费。"……… 143

"你就仿冒、搭车,甚至去抢注老干妈品牌,那不行"………… 149

"凡是带'干'字的辣椒酱都要打假,我们一年四季都在
　　打假。" ……………………………………………………… 154

第十章　绝不偷税漏税 ……………………………………… 158

"我明明纳税第一,怎么给我弄到第二,30万税款你们给我
　　弄哪里去了?" ……………………………………………… 160

"别人都说老干妈憨得很,我不憨,我觉得纳税是光荣,
　　我自豪,哪一个要骂我,我要和他骂到底。" ………… 163

附录:老干妈所获荣誉 …………………………………………… 172
参考文献 ………………………………………………………… 177
后　记 …………………………………………………………… 182

第一章

掘金冷门

成功的企业就不要去失败,要好生生去做,要做就把它做大,做成精钢、好钢,我就要成功。别人可能认为"你孤儿寡母,能做什么",但是我就要拼下去。否则,你吃不上饭,人家笑话你。

——老干妈创始人 陶华碧

第一章 掘金冷门

歪打正着的"热门市场"

在中国企业界,老干妈创始人陶华碧是一个值得研究的企业家。理由是,陶华碧没上过一天学,是一名仅仅会书写自己名字的农村妇女,由于丈夫病逝,不得不肩负养家的重担,她白手起家,创办了一个年销售额突破40亿元的民营企业,竟然只用了20多年时间。

这不是在编写"如有雷同,实属巧合"的小说或者剧本,也并不是耸人听闻的"假新闻"或者"小道消息"。这,绝对真实。

如果我仅仅介绍陶华碧,而不是说老干妈创始人陶华碧,相信许多人可能茫然不知。倘若我提起陶华碧所经营的老干妈辣椒酱,相信无人不晓。

基于此,我在梳理陶华碧的创业史时发现,陶华碧在艰难的岁月里选择以辣椒酱为突破口,不是偶然,而是必然。因为遵义地区长达数百年的食用辣椒的历史和饮食习惯,为陶华碧打造老干妈品牌打下了坚实的基础。

从这个角度来讲,陶华碧涉足辣椒酱市场可谓是"歪打正着"。虽然陶华碧因为丈夫的去世而遭遇人生的暗黑岁月,但是却意外地开启了自己的创业人生。正如人们常说:"上帝为你关闭了一扇门,就一定会为你打开一扇窗。"在当时被认为是冷门产品的辣椒酱,却在陶华碧的巧手下,变成一瓶瓶香味扑鼻、广受欢迎的调味品。

为了解开老干妈的成功密码,我经过10多年的关注和数月的资料整理,梳理了老干妈的创建和发展过程。当然,在我介绍陶华碧和老干妈的商业故事时,我想让读者一起回顾老干妈创始人陶华碧的创业故事,走进她那段创业维艰、独自面对困难的难忘岁月。

成功没有偶然

在任何一个时代,打败行业巨头的往往不是排名第二的竞争者,而是与该行业八竿子打不着的冷门行业。比如,打败方便面巨头统一的不是康师傅,不是五谷道场,也不是白家粉丝,而是美团外卖、饿了吗外卖、百度外卖……当巨型企业开始把隐形冠军作为对手时,曾经的冷门行业的拓展者已经成为参天大树。

可能读者会问,巨型企业为什么容忍中小企业抢占自己的地盘成为竞争者?那是因为财大气粗的大企业常常忽视甚至看不上潜力巨大却不为人们所熟悉或者接受的冷门市场。这给中小企业的生存和发展提供了良好的机会,或许这也是中小企业可以快速成长的关键所在。

殊不知,冷门产品与主流产品一样,同样拥有巨大的潜在商业价值,而且其竞争者相对较少。例如,一些创业者把那些在传统零售业中销售量不佳的小众产品聚集在一个宽广的渠道平台上,结果,这些小众产品市场与已有的大型主流产品市场相匹敌,甚至超过大型主流产品市场。

这样的事例说明,对于那些创业者来说,冷门市场不仅仅需要精准的战略判断,同时也是一种新生力量,代表了一个蕴含了无穷、巨大的商业力量的方向。究其原因,冷门市场在全新的商

第一章 掘金冷门

业模式下,其利润不再依赖传统的20%的"优质客户",而是依赖许许多多原先被忽视的缝隙市场,这样的趋势使得传统"二八理论"不再适应消费者需求的变化。

基于此,面对冷门行业巨大的潜在商机,创业者的最佳选择就是挖掘更为广阔的缝隙市场,使其成为新的利润增长点,最终脱颖而出。比如,老干妈辣椒酱。

我们从这里起航,介绍一个目前尽人皆知的商业传奇,该奇迹故事的书写者是贵州老干妈的创始人陶华碧。

陶华碧,女,汉族,原名陶春梅,1947年出生于贵州省湄潭县永兴镇一个偏僻的山村。由于受到贵州当地重男轻女思想的影响,加上当地较为贫穷,陶华碧从小到大没读过一天书,直到如今,也仅仅认识"陶华碧"这三个字。

由于不能上学,陶华碧只好从小给家人做饭。在做饭的过程中,陶华碧喜欢用辣椒作炒菜的调味作料。在黔北遵义,当地人习惯用辣椒来调味,可谓是"四川人不怕辣,湖南人辣不怕,贵州人怕不辣"。

当然,贵州人怕不辣可不是一天就练成的。研究发现,遵义把辣椒作为调味品已经有几百年的历史。据道光年间的《遵义府志》记载:"番椒丛生……郡人通呼海椒,亦称辣角园蔬要品,每味不离。盐酒渍之人,可食终岁。其形状有数种,长细角似者,牛角椒;细如小笔头、丛结、尖仰者,名纂椒,二种尤辣。一种扁圆形,色或红或黄,味不甚辣,名柿椒。"

这段历史记载足以说明,在清朝道光年间,遵义地区的人民已经把辣椒作为必备的调味品了。另外,该文献还披露,遵义当时种植的辣椒类型也很多。

经过长期自然淘汰和人工选择,得益于遵义独特的地理环境,遵义辣椒被列入全国七大名椒。不过,在很长一段时间里,尤其是在清朝和民国时期,遵义地区的辣椒主要以居民自食为主,只有一少部分作为商品出售。

辣椒大规模的商品化生产,是在中华人民共和国成立以后。资料显示,20世纪50年代末,遵义辣椒开始出口斯里兰卡、新加坡、日本等国。1957年,遵义地区的遵义县成为贵州全省唯一年产辣椒上万担的县,同时该县还建立了出口辣椒(朝天椒)的生产基地。

其后,遵义辣椒经过改良,种植规模扩大,产量大幅度提高。目前,遵椒一、二、三号依然被广泛种植。据了解,遵椒一号果为圆锥形,果顶尖、钝,果面光滑,果长3至4厘米,果宽2厘米。青果绿色,老熟果深红色。辣椒干平均单果重1.2克。形状均匀,肉厚质细,果实味中等偏辣。

遵椒二号辣椒的果为指形,果顶尖,果面光滑,果长5至7厘米,果宽1.7厘米。青果绿色,老熟果深红色。辣椒干平均单果重1.1克。形状均匀,肉厚质细,果实味辣。

遵椒三号辣椒的果为樱桃形,果顶尖,果面光滑,果长2.3至3厘米,果宽1.5厘米。青果绿色,老熟果深红色。辣椒干平均单果重1克。形状均匀,肉厚质细,果实辣味适中。

在遵义地区种植的辣椒,尤其是小辣椒,其营养丰富:(1)鲜椒中所含维生素较高,每百克辣椒维生素C的含量竟然高达198毫克,在中国众多的辣椒品种中名列前茅。(2)遵义辣椒所含胡萝卜素也较高,胡萝卜素的含量仅次于胡萝卜。(3)遵义辣椒的药用价值也高。据姚可成《食物本草》一书记载,辣椒具有"消宿食、解结气、开胃口、辟邪恶、杀腥气诸毒"的功效。现代医学也同样证明,辣椒所含的辣椒素,确有增进食欲、帮助消化、兴奋神经、增温御寒、促进血液循环和杀虫败毒作用。

由于陶华碧生活在遵义这样特定的地区,加上农家女孩担负做饭的重担,时常研究辣椒酱调味品,为陶华碧以后涉足辣椒酱产业创造了条件。因为人生经历往往会影响一个人的创业项目选择和对企业的经营管理模式。苹果创始人史蒂夫·乔布斯在斯坦福大学的演讲中就介绍了这样的内在逻辑。

今天,很荣幸来到各位从世界上最好的学校之一毕业的毕业典礼上。我从来没从大学毕业过,说实话,这是我离大学毕业最近的一刻。今天,我只说三个故事,不谈大道理,三个故事就好。

第一个故事,是关于人生中的点点滴滴如何串联在一起。

我在里德学院(Reed College)待了6个月就办休学了。到我退学前,一共休学了18个月。那么,我为什么休学?这得从我出生前讲起。

我的亲生母亲当时是个研究生,年轻未婚妈妈,她决定让别人收养我。她强烈觉得应该让已大学毕业的人收养我,所以我出生时,她就准备让我被一对律师夫妇收养。但是这对夫妇到了最后一刻反悔了,他们想收养女孩。所以在等待收养名单上的一对夫妻,我的养父母,在一天半夜接到一通电话,问他们:"有一名意外出生的男孩,你们要收养他吗?"而他们的回答是"当然要"。后来,我的生母发现,我的养母从来没有大学毕业,我的养父则连高中也没毕业。她拒绝在收养文件上签字。直到几个月后,我的养父母保证将来一定会让我上大学,她的态度才软化。

17年后,我上大学了。但是当时我无知地选了一所学费几乎跟斯坦福一样贵的大学,我那工人阶级的父母将所有积蓄都花在我的学费上。6个月后,我看不出念这个书的价值何在。那时候,我不知道这辈子要干什么,也不知道念大学能对我有什么帮助,只知道我为了念这个书,花光了我父母这辈子的所有积蓄。所以,我决定休学,相信船到桥头自然直。

当时这个决定看起来相当可怕,可是现在看来,那是我这辈子做过最好的决定之一。

休学之后,我再也不用上我没兴趣的必修课,而把时间拿去听那些我有兴趣的课。这一点也不浪漫。我没有宿舍,所以我睡在友人家里的地板上,靠着回收可乐空罐换5分钱买吃的。每个星期天晚上得走7英里的路,绕过大半个镇去印度教的 Hare Krishna 神庙吃顿好料。我喜欢这样,追随我的好奇与直觉,大部分我所投入过的事务,后来看来都成了无比珍贵的经历。

举个例来说,当时里德学院有着大概是全国最好的书写教育。校园内的每一张海报上,每个抽屉的标签上,都是美丽的手写字。因为我休学了，可以不照正常选课程序来，所以我跑去上书写课。我学了衬线与无衬线字体，学会如何在不同字母组合间变更字间距，学到活字印刷伟大的地方。书写的美好、历史感与艺术感是科学所无法掌握的，我觉得这很迷人。我没预期过学这些东西能在我生活中起些什么实际作用，不过10年后，当我设计第一台麦金塔时，我想起了当时所学的东西，于是把这些东西都设计进了麦金塔里，这是第一台有漂亮字体的计算机。如果我没沉溺于那样一门课里，麦金塔可能就不会有多种字体跟合理的字间距了。又因为Windows抄袭了麦金塔，不然个人电脑可能不会有这些字体字号。

因此，如果当年我没有休学，没有去上那门书写课，大概所有的个人计算机都不会有这些东西，不会有现在我们看到的漂亮的版式。当然，当我还在大学里时，不可能把这些点点滴滴预先串联在一起，但在10年后的今天回顾，一切就显得非常清楚。

我再说一次，你无法预先把点点滴滴串联起来；只有在未来回顾时，你才会明白那些点点滴滴是如何串在一起的。所以你得相信，眼前你经历的种种，将来多少会连接在一起。你得信任某个东西，直觉也好，命运也好，生命也好，或者姻缘。这种做法从来没让我失望，我的人生因此变得完全不同。

…………

乔布斯坦诚地回顾了自己为什么能够创造极致的产品，是因为当年的偶然事件变成了必然。同样，作为老干妈辣椒酱的创造者，陶华碧也经历了类似的偶然。

步履蹒跚与创业维艰

20世纪80年代，一些教授、科学家、下海机关工作人员、下岗工人、农民等成为企业家，他们觉察到改革开放的红利，断定中国商业时代已经来临，可谓"春江水暖鸭先知"。

在这样的暗流涌动时刻，企业家的眼光是独到的。财经作家吴晓波曾写道："当这个时代到来的时候，锐不可当。万物肆意生长，尘埃与曙光升腾，江河汇聚成川，无名山丘崛起为峰，天地一时，无比开阔。"

时代给予企业家一个施展自己才能的舞台，陶华碧却在艰难地探索。

1967年，20岁的陶华碧遇见了核工业部206地质大队的一名会计，两人相恋后结婚。

年轻的陶华碧能够赢得核工业部206地质大队会计的好感，不仅因为陶华碧人长得标致，还因为她的好强和能干。

当然，陶华碧选择嫁给会计，是因为该会计有才华、人品好。陶华碧在结婚后，跟随丈夫走出湄潭县的小山村，先后来到崇江、贵阳。其后，陶华碧成为这个地质队的一名随队家属，并定居队部所在地——贵阳市近郊的龙洞堡地区。这就是老干妈公司创建地在贵阳的真正原因。

离开大山后，进城的陶华碧不得不面临一个非常棘手的问题——工作。由于陶华碧没有进过一天学校,即使是作为随队家属,陶华碧要想找到一份合适的工作都是相当困难的。

为了补贴家用,陶华碧只能尽量地从核工业部206地质大队里找一些临时活做,从挥举"八磅锤"击钎碎石,到挑运泥土"平机场"。

尽管这样的工作很辛苦,但是对于在贵州长大的陶华碧来说,也不算什么。在贵州,由于恶劣的地理环境,当地人要想生存和繁衍下去,吃苦就是家常便饭。陶华碧坦言:"吃苦耐劳累不死人,只要肯吃苦,没得办不成的事。"

事实证明,在拥有喀斯特地貌的贵州,不仅要勤劳,而且还要能吃苦才能改变穷困的落后面貌。在这样环境中成长的陶华碧像其他普通人家一样,靠工资和临时务工所得,过着与邻居相差无几的日子还是十分幸福的,他们夫妻相濡以沫,多年一直如此。

天有不测风云,人有旦夕祸福。1984年,对于陶华碧来说,无疑是一个悲伤的年份,在这一年,陶华碧的丈夫因为患肺气肿住院了。

虽然陶华碧和两个儿子李贵山、李辉悉心守护,但是因为丈夫病情过于严重,最终也无济于事。丈夫临终前,告诉陶华碧,两个尚年少的儿子今后只能由她这个没有工作的妈妈独自抚养成人了。陶华碧的丈夫说:"你要自带饭碗!"

坚强的陶华碧记住了丈夫的托付,在艰难困苦的日子中也因此挺住了。丈夫去世后,单位每月30元的生活补助远不够陶华碧母子三人的日常生活开支。

为了养家糊口,陶华碧便在地质队驻地附近的贵州省警校校园外摆起了一个小吃摊,主要经营自己最拿手的小吃——米豆腐、凉粉、凉面。

历史总是在不经意中让一些人来创造传奇,此刻的陶华碧不知道的是,"目不识丁"的自己将开创一个自己并不知晓结果的辣椒酱市场神话。

众所周知,20世纪80年代,中国英雄辈出,可谓是一个草莽英雄起家的年代。1984年,作为中科院人事局领导干部处干部的柳传志在中科院计算所所长曾茂朝的支持下创办北京计算机新技术发展公司(联想集团前身)。1986年,柳传志任北京联想总经理,1989年升为总裁。

1987年,42岁的宗庆后借了14万元,承包了连年亏损的杭州上城区校办企业经销部,开始自己的创业人生。

20世纪80年代,作为中国对外开放经济特区的深圳,犹如一个斗兽场,一些敢于冒险的企业家在这个遍地是黄金的地方寻找自己的梦想。

1988年,从国营单位离职的王石,已经显露出卓越企业家的特质,在倒卖玉米和科教仪器赚得第一桶金之后,把"现代科教仪器展销中心"更名为"万科"。同年12月,万科发行中国改革开放后第一份《招股通函》,发行股票2 800万股,集资2 800万元,开始涉足房地产业。

与意气风发的王石不同的是,1987年,与万科相差只有十几公里,在深圳湾畔一个杂草丛生的地方,作为中年创业者的任正非,刚筹集了2.1万元的创业资金,在刚刚搭起的两间简易板房里启动创业的引擎。

在中国的英雄哲学中,始终坚持英雄不问出处。20世纪80

第一章 掘金冷门

年代,当改革开放的春风吹进贵州时,贵州的经商环境开始坚冰消融,依据贵州省的地方法规许可,第一家外商投资企业落户贵阳市区。陶华碧的主顾们,从市区的这家"开口乐"面包公司买回面包,再要上一两碗早就吃惯了的米豆腐或者凉粉、凉面,吃得津津有味。①

为了养家糊口,陶华碧最早开始卖米豆腐。在这段日子中,为了维持生计,陶华碧不得不自己磨米粉浆,每天都干到半夜一两点,第二天一大早还要去早市摆摊。

后来,陶华碧又挑着担子去学校周围卖凉粉。当时,陶华碧尽管体重只有45公斤,但却要扛起50多公斤的担子。正是在那时,陶华碧落下肩周炎、关节炎、颈椎病等诸多毛病,直至今日,膏药依旧没有间断过。

经过几年的艰苦经营,陶华碧的小摊成为三口之家的生活来源,生意越做越好,在当地响当当。在这样的情况下,陶华碧打算扩大规模。1989年,陶华碧开始第一次扩大"经营规模"——从摊到店。

其实,这个店仅仅是陶华碧和儿子用捡来的半截砖头和废旧油毛毡、石棉瓦,搭起的一个能够摆下两张小桌的简易的饭店,陶华碧给它起名"实惠饭店"。

为了吸引顾客,陶华碧免费赠送风味豆豉、风味油辣椒、豆腐乳、香辣菜等配餐小菜,实惠饭店的生意因此非常红火。

经过十年的艰辛经营,陶华碧不再为生活发愁,日子已经有

---

① 唐福敬,黄莎莎.有华人的地方就有"老干妈"——陶华碧一家调制的贵州味道[J].当代贵州,2008(24).

了明显改观。1994年,贵州省个体工商户营业收入比上年增加20.6%,在贵州省委、省政府出台的相关文件里,对发展个体经济、私营经济取消了不合理限制,实行"五不限"——不限发展比例,不限发展速度,不限经营方式,不限经营规模,不限经营范围。

从1984年的创业元年到1994年的10年间,有些贵州民营企业早已风生水起——遵义长寿长乐集团宣布捐资1000万元在全国沿红军长征路建50所希望小学,引来惊叹;贵州"神奇"从一个洗脚药水产品开始,掀起了至今令人记忆犹新、席卷全国的销售风暴……

实惠饭店与这些贵州知名的民企相比,压根就不具备可比性。不过,正如伯克希尔—哈撒韦公司CEO沃伦·巴菲特(Warren Buffett)那句名言:只有当大潮退去的时候,你才能知道谁在"裸泳"。此刻的实惠饭店距离日后的爆发式发展,其"拐点"还没有真正到来。

陶华碧经营实惠饭店一直延续到1994年。在这期间,陶华碧每月总有一天的固定日程是,穿着她习惯穿的布鞋,步行到几公里以外的街道办事处所在地油榨街缴税。多年以后,她说:"我一辈子就是要赚安心的钱,所以从卖米豆腐的时候就开始交税。"[①]

1996年7月,陶华碧借南明区云关村村委会的两间房子,招聘了40名工人,办起了食品加工厂,专门生产麻辣酱。如今,辣椒酱市场已经被陶华碧挖掘出来,成为名副其实的热门市场。

其实,冷门和热门市场,从来就没有一个标准的答案,几乎都

---

① 唐福敬,黄莎莎.有华人的地方就有"老干妈"——陶华碧一家调制的贵州味道[J].当代贵州,2008(24).

是此一时彼一时,当某个行业做大了,做好了,冷门行业也就变成了热门行业。因此,中小企业经营者在选择项目方向时,最好选择冷门行业,因为冷门行业孕育着潜力巨大的无限商机。

对此,蒙牛创始人牛根生在接受媒体采访时谈到了对冷门市场的看法,他说:"企业经营者问我选择什么样的行业作为投资新项目的方向,我觉得更容易成功的就是选择的行业是冷门。把今天的蒙牛退回7年前,如果今天重新再干一次成功率就低多了。比尔·盖茨赶上了做别人没有做得好的项目。"

不管是陶华碧,还是牛根生,他们都充分地发挥了自身的能力,当发现冷门市场时,能够科学地拓展冷门市场,同时还另辟蹊径地做到人无我有、人有我新,通过合理的经营,增强自己的竞争实力,最终达到占领目标市场的目的。

老干妈之所以能够扬名国内外,是因为辣椒酱的商业价值超乎我们的想象

由于历史的原因和地域的不同,辣椒产业没有得到研究者和媒体的广泛重视,直到老干妈成为中国辣椒酱巨头之后,名企效应促使研究者和媒体介入辣椒酱的研究。

研究者和媒体对辣椒酱的漠视,并不表示辣椒酱自身没有商业价值和消费市场。相反,其商业价值巨大。

在陶华碧看来,辣椒酱不仅仅是调味品,更能让食材的口感锦上添花,取悦消费者的味蕾。从这个角度来讲,陶华碧创造的老干妈帝国之所以能够扬名国内外,是因为辣椒酱的商业价值超

乎我们的想象。

看似热门的行业，结果却处处是陷阱

在给总裁班学员讲"传统企业到底该如何转型"课程时，一个学员非常疑惑地问道："周老师，我的企业销售额超过100亿元，不管是市场规模，还是行业热度都较高，为什么其品牌的口碑度却无法与地处偏远、销售额只有五六十亿元的老干妈相提并论呢？"

在该学员看来，辣椒酱的市场规模小，就理应不如热门行业的品牌度高。其实这样的看法是错误的。很多创业者热衷于在热门产品方面的拓展，往往忽略冷门产品的巨大商业价值。

这样的悖论源于创业者自身的认识和判断，在一些创业者看来，商业世界从来都不相信那些敢于吃螃蟹的人，全心地投入冷门产品的研发还不如跟风热门产品容易，这就使得诸多产品同质化，从而丧失竞争力。在这里，我们从一个真实的案例谈起。

在2007年初的北国城市哈尔滨，春天似乎比往年来得要晚一些。瑟瑟的寒风依然袭击着人们的脸面，寒冷而冰凉。

曾经在哈尔滨这个北国之地遍地开花的香辣鸭脖子店就像这样的天气一样，暂时没有转暖的迹象。

不仅没有转暖，而且还在这寒冷的春天如同多米诺牌一样，瞬间接二连三地倒闭关张了，甚至还关门了一大半。

香辣鸭脖子店在哈尔滨这个城市，从开第一家店开始，

第一章 掘金冷门

就如同热浪一般席卷整个城市,而后就是莫名的沉寂。

可能读者会问,在哈尔滨,香辣鸭脖子店到底出什么问题了?

研究发现,香辣鸭脖子店在哈尔滨从开店到火爆一时,再到关张倒闭,其模式就是以加盟形式开店。

在连锁业界,加盟方式往往成为一种快速做大的模式,此模式同样存在一定的风险。这个风险就是"同质化"。

香辣鸭脖子店同样出现这个问题,而且其模式与爆烤鸭、掉渣大饼大致相同。由于人们缺乏专业的投资常识,看着香辣鸭脖子店火爆异常,纷纷加盟香辣鸭脖子店,使得一些创业者投资失败。

针对此问题,业内人士纷纷提醒创业者或者想创业的人在选择投资项目时一定要慎重。[1]

在创业的道路上,一些创业者认为,只要哪行赚钱就把创业项目放在哪行。殊不知,看似诱人的市场和低门槛的投入,却造成了诸多的跟风投资。

在上述案例中,造成香辣鸭脖子店的大规模倒闭的原因,就是"盲目跟风,哪行赚钱就做哪行"。由于香辣鸭脖子店缺乏相应的专利、商标等保障机制,这种瞬间膨胀的重复开店造成了香辣鸭脖子市场的无序竞争,当香辣鸭脖子市场饱和,其大规模的倒闭也就在情理之中。

然而,香辣鸭脖子店倒闭的速度超出很多营销专家的想象。

---

[1] 国语洋,张蕊.盲目跟风开店 香辣鸭脖子店关门一大半[N].新晚报,2007-02-06.

针对上述案例中鸭脖子遭遇寒流的现象,哈尔滨商业大学市场营销学的研究人士分析称,鸭脖子在哈尔滨市的销售情况与爆烤鸭、铁锅炖鱼、掉渣饼一样,都是由冷到热,由热再到过剩,它也再一次印证了创业者盲目跟风开店的弊端。①

这个案例暴露了一个较为严重的问题,那就是看似热门的行业,结果却处处是陷阱。我们再回到辣椒酱问题上,很多人尽管食辣,却不了解辣椒,以及辣椒酱背后的市场规模。

中国辣椒年产量达到2 800万吨,食辣人群已超过6亿

陶华碧之所以能够将老干妈打造成为行业冠军,是因为辣椒市场存在巨大的商业价值。只不过,不管在20世纪80年代,还是如今,很多人不了解。

长期以来,由于各方面的原因,很多消费者缺乏对辣椒的了解。众所周知,辣椒原产于中美洲的热带地区。著名航海家克里斯托弗·哥伦布在大航海时代发现了美洲大陆,将辣椒种子带回欧洲,经过海运、陆运等方式将辣椒种子向非洲和亚洲传播。

明朝末年,辣椒种子经过多种途径传到中国。目前,辣椒主要分布在贵州、四川、湖南、云南、陕西、河南、河北等地。在贵州等地,当地人把辣椒称为"海椒"。

据了解,全球70%左右的国家种植辣椒。亚洲、欧洲、非洲、北美洲、南美洲各地人民均种植和食用辣椒。

辣椒生产地主要集中在南北纬38度之间的区域里。

---

① 国语洋,张蕊.盲目跟风开店 香辣鸭脖子店关门一大半[N].新晚报,2007-02-06.

据了解,全世界食辣的人口大约占到25%左右,辣椒制品竟然超过1 000种。目前,辣椒的主要用途是鲜食、调味、提炼色素、制药等。在辣椒产业中,目前,出口量占比大的国家有中国、印度、西班牙、马来西亚、秘鲁、墨西哥、津巴布韦等,辣椒量进口量较大的国家有美国、德国等。

1.亚洲种植面积最大

在全球,不管是辣椒种植面积,还是辣椒的消费量,亚洲都是最多、最为集中的区域。其中,中国的种植规模最大。

(1)中国

2017年10月,中国蔬菜流通协会辣椒产业委员会公开的数据显示,中国辣椒种植面积已经超过2 000万亩,辣椒经济总产值超过700亿元,产值和效益居蔬菜之首。

从世界范围说,全球的辣椒种植面积已经超过5 000万亩,辣椒年产量高达3 700万吨,辣椒是目前最主要的调味料作物。

在中国,辣椒的年产量达到2 800万吨,食辣人群已经超过6亿,中国成为名副其实的世界第一辣椒生产和消费大国,总产量占世界的55%。

从整体分析,中国辣椒产地分布存在"区域化明显"问题,即一个地方就存在一个核心的辣椒品种。比如,在西南地区,主要以小椒鲜椒、制干为主;在西北、华北、东北地区,主要以大椒鲜椒速冻、打酱、制干为主;在华中、华东地区,集中以朝天椒制干为主;在江南地区,主要以鲜食椒、高辣干椒为主。

①西南地区

在西南地区,尤其是云贵高原,由于气候较为复杂,辣椒的种植地区主要集中在贵州遵义、云南文山州、四川成都、重庆石柱等地,其种植品种相对较多,主要以香辣型辣椒为主。例如,贵州省遵义市的灯笼椒、子弹头、满天星、二荆条、七星椒等,云南省的丘北椒、野山椒、小米椒、艳红椒,重庆市石柱红等。

贵州省既是辣椒的生产地,同时也是北方辣椒的主要消费地,采购北方辣椒多用作食品加工(辣椒酱、豆瓣酱)、色素加工、辣椒精提取、制药等。虽然贵州省辣椒种植品种较多,但是其总供应量不大,需求过于旺盛,加上品质较高,因此价格相对偏高,需要不断从别的产地购入。

在四川省,主要种植鲜线椒,云南省种植却偏重艳红椒和小米椒。四川、重庆的鲜椒和加工型辣椒相对比较缺乏,多从其他地区采购。比如火锅辣椒,多采购河南新一代。

云南文山,以丘北椒闻名,该辣椒形细长,香而不辣,适合切段、切丝、磨粉,主要销往南方地区以及出口,供应美国辣椒干、墨西哥辣椒粉、印度辣椒油、日本辣椒圈。

②西北地区

在中国西北部地区,例如,新疆维吾尔自治区,该区以库尔勒为代表,辣椒种植面积在30万亩左右,品种主要为铁板椒(甜椒)、线椒、金塔、红龙系列等,多数是晒成干椒,或者部分鲜椒打酱。

新疆维吾尔自治区拥有较强的光热等自然条件,辣椒的物质积累高,尤其是甜椒,是国内辣椒红色素含量最高的品种。

除了光热之外,由于新疆维吾尔自治区地广人稀,通常用机械统一采收,统一戈壁滩晾晒,其天然优势较强,不过,由于辣椒的杂质相对较多,其辣椒价格相对不太高。

据了解,该地区的铁板椒、金塔干椒,在每年9月下旬采收,上市时间在10月15日左右,线椒干椒的采收时间是每年的11月,而每年11月中旬当地已经开始降雪,所以干椒的交易时间相对较短。

作为西北重要鲜椒产区的宁夏彭阳,主要生产牛角椒,由于品种来自国外,通常以外销为主。

在甘肃省,辣椒种植面积也很大,大约40万亩。在金昌市民勤县以西地区,主要种植加工型品种美国红、脱水甜椒等,主要用于提取色素,做辣椒酱,加工辣椒片。在武威以南到陇西地区,主要种植鲜食椒,品种以陇椒、螺丝椒、牛角椒为主。在天水临接陕西地区,主要种植线椒、七寸红,该地区的辣椒通常是晒干后加工成辣椒面、油、片等,销往广东、四川、山东、东南亚等地。由于消费者市场的变化,近年来,甘肃省的制干椒的种植面积有所减少,而鲜椒的种植面积却在增加。

作为传统辣椒产区的陕西省,其辣椒种植地区主要集中在宝鸡、咸阳、榆林、渭南等地。近年来,由于气候变化、农村空心化等原因,该地区的辣椒种植面积有所减少。目前仍然以鲜食椒、干线椒为主。在鲜食椒方面,陕西省近年引进了辣椒品种,主要有辣丰线椒、棍棍辣椒、螺丝椒、牛角椒等。线椒主要集中在兴平种植。据悉,兴平线椒,晒干后表皮皱缩,肉厚,红油多,香而不辣,多数被加工成辣椒面,如陕西油泼辣椒面。

③东北地区

在东北地区,辣椒种植集中在吉林省白城市,以及辽宁省北票市。在吉林省白城市,主要种植金塔椒,鲜椒可以打酱、剁椒,多数用做速冻椒,由于出成率和色价较其他产区高,主要出口到韩国。

在辽宁省北票市,种植的主要品种为大椒,大概占据60%,其余为朝天椒,以三樱椒、红太阳为主。

资料显示,中国的辣椒品种以线椒、尖椒为多,兼有朝天椒、泡椒及圆椒等。目前,中国不仅是辣椒消费大国,同时也是重要的辣椒出口国之一,集中向东南亚、俄罗斯、美国、韩国、日本等出口,通常以鲜椒、干辣椒、辣椒粉、辣椒酱、辣椒丝、辣椒圈、辣椒色素等形式输出,此外,中国也从印度进口高辣度的辣椒品种。

(2)印度

在印度,其辣椒种植面积也很大,由于当地辣椒一年多熟,产量占世界的30%左右。虽然印度的生产率不高,但是印度却是辣椒出口国之一。印度辣椒主要销往中国、东南亚、墨西哥、美国、欧洲等地,其辣椒产品主要有辣椒干、粉、糊、籽、色素等形式。

(3)日本和韩国

日本和韩国虽然种植辣椒,但是其种植面积很小,主要从中国进口以满足日常的辣椒需求。日本约90%的辣椒来自中国,而韩国的冷冻辣椒,全部都从中国进口。

在韩国和日本,虽然种植辣椒不多,但是其品种科研的实力却很强,中国目前的主流品种都是从日本和韩国引进的,比如日本三樱椒、韩国天宇椒。

(4)泰国和越南

在东南亚地区,泰国是最大的辣椒生产国,其次是越南。尽管当地人种植辣椒,但是辣椒的产量和品种都无法满足当地的需求,每年都需要从中国、印度进口。泰国每年从中国进口辣椒,50%为鲜线椒,40%为干椒,其余是辣椒粉。

泰国种植的辣椒,虽然个头较小,但是辣度很高,辣度在10万~25万SHU,切细丝后用于各种辣味美食。

越南种植的辣椒,近年很多中国人在当地进行扩种,再从越南输向其他地区,主要出口对象是欧盟,其次是美国、中东地区。

2.美洲地区

辣椒的原产地在美洲,在南美洲,辣椒的种植历史较为悠久,品种也较多。在北美地区,辣椒的主产国是美国和墨西哥。加拿大的辣椒的种植面积相对较小。数据显示,美国南部州的辣椒的种植较多,例如,新墨西哥州种植的大部分辣椒被指定用于罐装、干制或冷冻处理。由于美国辣椒的加工业较为发达,加工企业遍布中南部各州。在食用辣椒方面,主要有辣椒酱、粉、片等上百种产品;工业辣椒上,以红色素、辣椒碱等为主,集中从墨西哥、中国进口辣椒原料。

在墨西哥,种植的辣椒品种资源丰富,质量上乘,但是生产效率较低,辣椒种植面积在不断地减少,往往以进口辣椒来满足墨西哥国内的市场需求,其中30%来自中国,三分之二来自印度、秘鲁。墨西哥人偏爱食用泡椒、辣椒酱,也向美国出口辣椒酱和罐装辣椒。墨西哥素以"沙维娜"辣椒闻名,其辣度约为57万SHU。

3.欧非主产甜椒

在欧洲地区,最早的辣椒从美洲引进,受土地、人力成本等影响,目前辣椒的种植面积依然很小,产量比重仅占世界的5%。为了满足辣椒市场需求,欧洲每年要从非洲的摩洛哥、南非、津巴布韦、埃及等国进口。

在欧洲,辣椒品种主要分为食用型和加工型。主要有鲜椒生食、泡椒、辣椒汁调味等食用方式。在加工方面,主要是提取色素。

据了解,欧洲的辣椒种植集中在西班牙、荷兰、以色列、匈牙利等国。在匈牙利,主要种植红甜椒。西班牙作为欧盟国家,也种植红甜椒,同时也是欧洲最大的红甜椒出口国,主要销往美国、德国及其他欧洲国家。

欧洲种植的红甜椒产量不大,仅占世界的15％,远小于中国和印度,但是在品种科研,制药和辣椒红色素、辣椒碱等深加工品的开发利用上享有盛名,例如,德国和英国就进口红甜椒以加工提取红色素,满足自身需求并出口。

在非洲地区,生产和食用辣椒的规模都很大,是辣椒生产和食用第二大洲。由于气候、灌溉条件适宜,摩洛哥、南非、津巴布韦等国家多有种植。此地区主要种植红甜椒,出口到欧洲、美国。

2017年中国辣椒酱的消费量达到540万吨

随着中国改革开放的深入,以及人口迁移的加剧,加上中国经济的快速发展、居民收入水平的提高,辣椒酱已经成为很多中国人日常饮食中常用的调味酱料。

据了解,辣椒酱目前有两种:油制和水制辣椒酱。油制是用菜籽油或大豆油和辣椒经过加工制成,颜色鲜红,上层浮着一层菜籽油或大豆油,这样的做法在贵州较为普遍,且容易保存;所谓水制是用水和辣椒经过加工制成,颜色鲜红,与油制相比,不易保存。

众所周知,中国作为一个辣椒酱的生产和消费大国,其潜在

第一章 掘金冷门

的消费者甚多。基于此,辣椒酱产品能够获得消费者的认可,以及中国辣椒酱市场规模呈稳步增长就是情理之中的事情。

根据智研咨询的报告,2013年年底,中国辣椒酱市场规模达到259亿元,2014年行业规模增长至278亿元,2015年中国辣椒酱市场规模约297亿元,见图1-1。

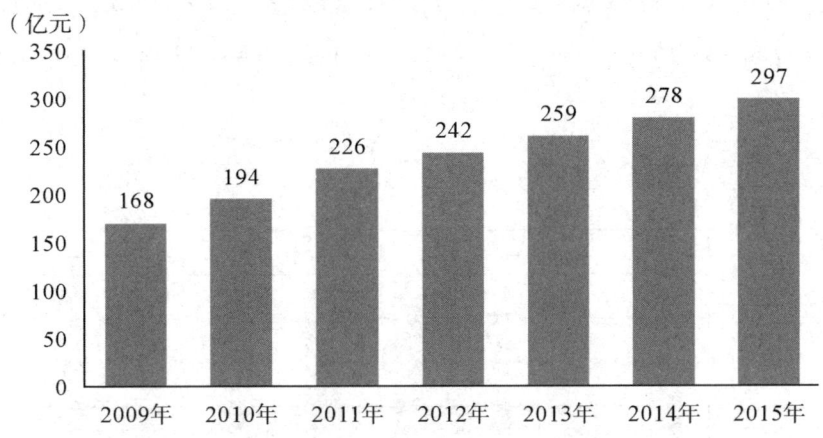

图1-1 2009—2015年我国辣椒酱行业市场规模增长统计

资料来源:智研咨询.2018—2024年中国辣椒酱行业投资方向研究报告[R],2018.

从表1-1可以看出,中国辣椒酱市场仍在上涨。

表1-1 2009—2015年中国辣椒酱市场概况

单位:万吨

年份	产量	消费量	进口	出口
2009年	280.05	264.4	0.35	16
2010年	320.01	295.4	0.39	25
2011年	364.98	332.4	0.42	33
2012年	415.96	379.9	0.44	36.5
2013年	458.01	417.5	0.49	41
2014年	479.98	435.4	0.52	45.1
2015年	513.98	468.3	0.52	46.2

众所周知,由于辣椒的收获受季节性影响,许多国家的消费者为了保证能够一年四季食用,采用了各种不同的加工方法制作辣椒。

当然,市场销售的辣椒酱,仅为辣椒系列产品的一小部分,由于具有独特的地方风味,其商业价值和市场基础不容小觑。

据相关统计数据,2011年,中国辣椒酱的产量约365万吨,同比2010年增长14.06%,2017年,中国辣椒酱产量高达545万吨,见图1-2。

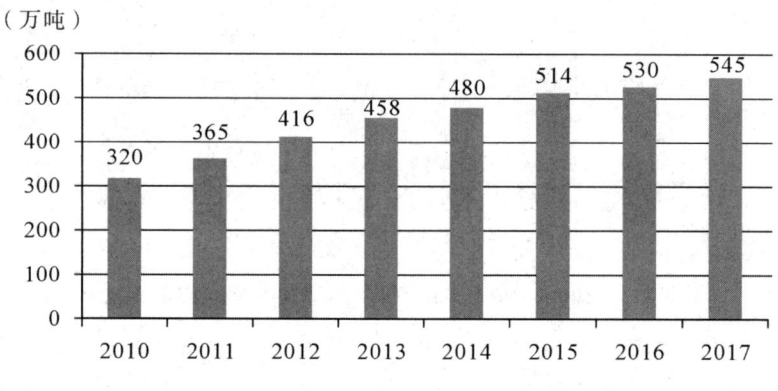

图1-2 2010—2017年中国辣椒酱产量增长走势

资料来源:陈子萍.坚守不上市的"老干妈"赢得掌声 2020年辣椒酱行业市场规模将达400亿[EB/OL]. https://www.qianzhan.com/analyst/detail/220/180217-f9422896.html.

从这份数据中不难看出,辣椒酱已被中国普通家庭,以及各类食品行业广泛地使用,例如,辣椒酱用来与各种蔬菜或者与肉类混合制作各种食品,包括炖菜、汤类。辣椒酱独特的味道和保健功能无疑促进其在中国市场消费量和贸易量的不断上升。

根据相关的统计数据,2013年,中国市场辣椒酱的消费量达到惊人的417.5万吨。2016年,中国辣椒酱的消费量达到482.7

万吨。2017年,中国辣椒酱的消费量达到497.2万吨,见图1-3。

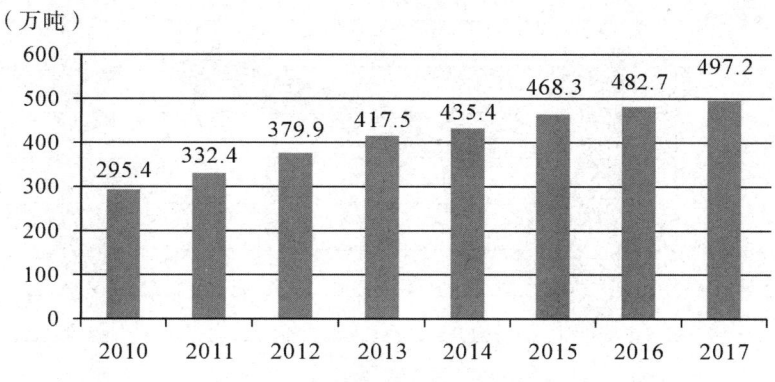

图1-3　2010—2017年我国辣椒酱消费量增长走势

资料来源:陈子萍.坚守不上市的"老干妈"赢得掌声　2020年辣椒酱行业市场规模将达400亿[EB/OL]. https://www.qianzhan.com/analyst/detail/220/180217-f9422896.html.

从图1-3可以看出,辣椒酱作为当下中国的调味品的一个热门品类已经是不争的事实。工信部的相关数据显示,目前,中国调味酱的市场规模高达400亿元,其中辣椒酱的规模达到324亿元。

这与前瞻产业研究院发布的研究监测数据吻合,根据前瞻产业研究院的数据,中国整个辣椒酱行业的市场规模增速仍在7%以上,到2020年底,中国辣椒酱行业的市场规模将达400亿元,见图1-4。

如此庞大的消费者群体为老干妈辣椒酱成功占领中国市场打下坚实的基础。经过20多年的发展,老干妈每天的销售量达到上百万瓶,年销售额超过45亿元。

2017年8月1日,贵州企业联合网发布了"双百榜单"。在

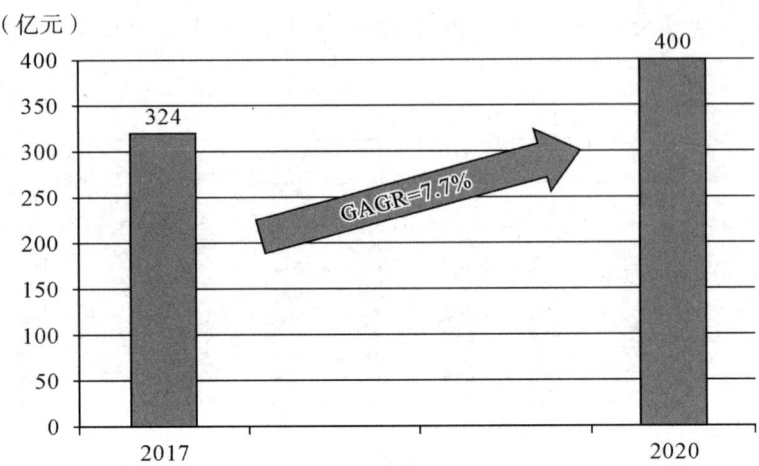

图 1-4　2017—2020 年中国辣椒酱行业市场规模及预测

资料来源：陈子萍.坚守不上市的"老干妈"赢得掌声　2020年辣椒酱行业市场规模将达 400 亿［EB/OL］.https://www.qianzhan.com/analyst/detail/220/180217-f9422896.html.

"2017年贵州民营企业100强名单"中,贵阳南明老干妈风味食品有限公司榜上有名,位列第五,见表1-2。

表 1-2　2017 年贵州民营企业 100 强名单（部分）

排序	企业名称	地区	行业
1	贵州宏立城集团	贵阳市	服务业
2	贵州通源集团	贵阳市	服务业
3	贵州以晴光电集团有限公司	遵义市	制造业
4	贵州信邦制药股份有限公司	黔南市	制造业
5	贵阳南明老干妈风味食品有限责任公司	贵阳市	制造业
6	贵州益佰制药股份有限公司	贵阳市	制造业
7	毕节市力帆骏马振兴车辆有限公司	毕节市	制造业
8	贵州百灵企业集团制药股份有限公司	安顺市	制造业
9	贵州财富之舟科技有限公司	遵义市	制造业
10	玉蝶控股集团有限公司	贵阳市	制造业
11	贵州源翼矿业集团有限公司	贵阳市	采掘业

第一章 掘金冷门

从表1-2可以看出,排在老干妈前面的是贵州宏立城集团、贵州通源集团、贵州以晴光电有限公司、贵州信邦制药公司。消费者较为熟悉的百灵制药,却排在第八位,落后老干妈三个位次。

另外,该榜还披露了企业的经营数据。根据央广网的报道,2016年,老干妈年营业收入45.49亿元,较5年前增长35%(2012年,老干妈披露其当年产值33.7亿元),同期年纳税额7.55亿元,在贵州民营企业100强中居第二位,仅次于当地一家房产商的8.34亿元。见图1-5。

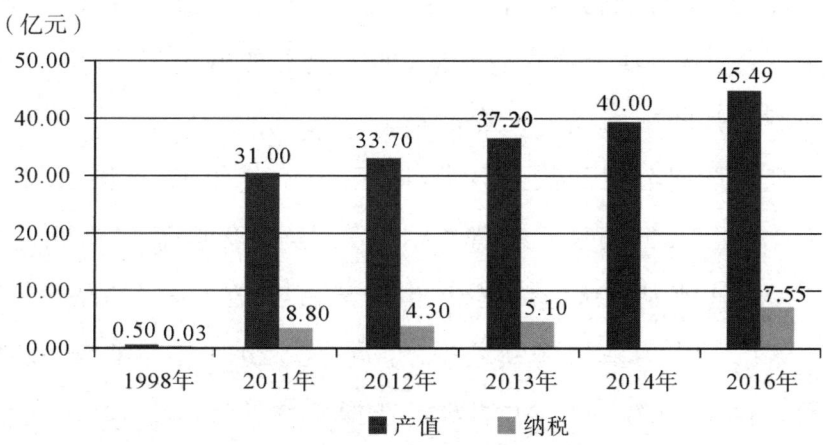

图1-5 1998—2016年老干妈经营情况

资料来源:陈子萍.坚守不上市的"老干妈"赢得掌声 2020年辣椒酱行业市场规模将达400亿[EB/OL]. https://www.qianzhan.com/analyst/detail/220/180217-f9422896.html.

由于老干妈辣椒酱风味独特,在中国消费者中,几乎是无人不知,无人不晓,甚至已走出国门,到达北美、东南亚、日本、韩国等地。

虽然老干妈飘洋过海,却从不打广告,这让老干妈成为凭借宣传打天下的快消行业中的一个另类。在各类媒体上，几乎见不到老干妈的广告。

老干妈创始人陶华碧始终坚持踏踏实实地做企业，一瓶辣椒酱的售价为8～12元，每瓶辣椒酱只赚0.95元，多年来一直如此。

由于老干妈持续的终端传达，最终消费者对其形成了固定印象，其市场占有率较高。老干妈在全国各地覆盖率已达到90%以上，市场增长接近极致，其品牌早已深入人心。

研究发现，老干妈之所以不投入广告费，也能赢得消费者的认可，是因为老干妈自身的产品品质。老干妈的销售模式，通常采用现货交易，其销量能够保证，加上充足的现金流，让老干妈成为稳健扩张的中国优秀民营企业。

来自调研公司的数据显示，截至2017年年末，中国大陆总人口为13亿9 008万人，其中6.5亿人是可以吃辣或喜欢吃辣，45.1%的食辣人群认为，目前辣椒酱产品还没有最好的品牌。

老干妈作为辣椒酱领域中的"霸主"，2016年销售额超过45亿元，占据市场第一位，占消费者选择比率的20.5%，其次是李锦记占比达9.7%，辣妹子占比9.2%，见图1-6。

随着中国居民生活水平的提升，以及对食品消费要求的提高，中国消费者更加注重产品的质量、口味、营养、功能等特质，这样的趋势使得老干妈拥有一定的品牌优势，并且取得了较高的市场认知度和影响力，消费者对其品牌忠诚度较高。

《2014—2019年中国辣椒酱市场竞争格局与发展前景研究报告》的数据显示，在华东区域，老干妈的市场占有率为36.55%，见表1-3。

第一章　掘金冷门

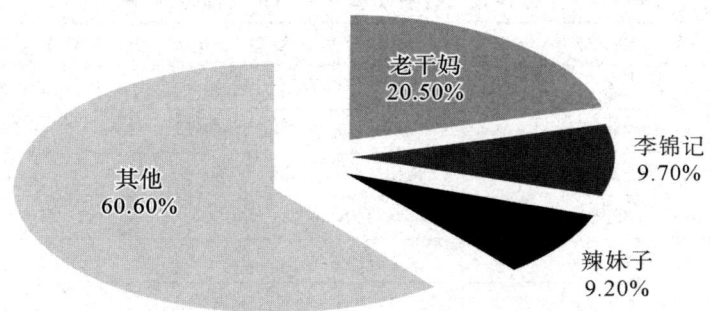

图1-6　老干妈在中国辣椒酱行业市场占比

资料来源：陈子萍.坚守不上市的"老干妈"赢得掌声　2020年辣椒酱行业市场规模将达400亿［EB/OL］.https://www.qianzhan.com/analyst/detail/220/180217-f9422896.html.

表1-3　中国辣椒酱行业品牌产品华东区域市场渠道情况

辣椒酱品牌	华东重点区域省市分布	市场份额
老干妈	上海、江苏、浙江、福建	36.55%
花桥桂林辣椒酱	上海、江苏、浙江	15.01%
饭扫光	上海、山东、安徽	8.85%
海南黄灯笼辣椒酱	江苏、山东、福建	8.02%
阿香婆辣椒酱	上海、浙江、山东	6.75%
户户辣椒酱	安徽、福建	6.43%
李锦记	上海、江苏、浙江	5.58%
美乐牌香辣酱	江苏、浙江、福建	2.71%
辣妹子辣椒酱	上海、江苏、福建	2.18%
小康牛肉酱	福建、山东、安徽	1.66%
其他	—	6.26%

资料来源：智研咨询.2014—2019年中国辣椒酱市场竞争格局与发展前景研究报告,2018.

在中南市场,老干妈占据更高的市场份额,达37.88%,见表1-4。

表 1-4　中国辣椒酱行业品牌产品中南区域市场渠道情况

辣椒酱品牌	中南重点区域省市分布	市场份额
老干妈	广东、湖北、湖南	37.68%
花桥桂林辣椒酱	广东、广西、海南	16.53%
饭扫光	湖北、河南、广东	6.37%
海南黄灯笼辣椒酱	海南、广东、湖北	6.12%
阿香婆辣椒酱	河南、湖北、广东	5.85%
户户辣椒酱	广东、海南、湖北	5.34%
李锦记	广东、湖南、湖北	5.28%
美乐牌香辣酱	河南、湖北、湖南	2.85%
辣妹子辣椒酱	湖南、广东、广西	2.38%
小康牛肉酱	河南、海南、广东	2.12%
其他	—	9.48%

资料来源:智研咨询.2014—2019 年中国辣椒酱市场竞争格局与发展前景研究报告,2018.

在华北市场,老干妈的市场占有率达到 39.31%,见表 1-5。

表 1-5　中国辣椒酱行业品牌产品华北区域市场渠道情况

辣椒酱品牌	华北重点区域省市分布	市场份额
老干妈	北京、天津、河北	39.31%
花桥桂林辣椒酱	北京、天津、河北	17.47%
饭扫光	北京、内蒙古、山西	6.16%
海南黄灯笼辣椒酱	北京、天津、河北	6.02%
阿香婆辣椒酱	北京、天津、山西	5.18%
户户辣椒酱	北京、天津、河北	5.01%
李锦记	北京、天津、河北	4.23%
美乐牌香辣酱	北京、天津、河北	2.78%
辣妹子辣椒酱	北京、天津、河北	2.24%
小康牛肉酱	北京、天津、河北	2.07%
其他	—	9.53%

资料来源:智研咨询.2014—2019 年中国辣椒酱市场竞争格局与发展前景研究报告,2018.

在西部地区，尤其是四川、贵州、陕西，辣椒品牌竞争异常激烈，但是，老干妈的市场占有率竟然达到 34.38%，占据绝对的竞争优势，见表 1-6。

表 1-6　中国辣椒酱行业品牌产品西部区域市场渠道情况

辣椒酱品牌	西部重点区域省市分布	市场份额
老干妈	四川、贵州、陕西	34.38%
花桥桂林辣椒酱	四川、贵州、陕西	17.14%
饭扫光	四川、陕西、青海	7.60%
海南黄灯笼辣椒酱	陕西、青海、新疆	6.61%
阿香婆辣椒酱	陕西、青海、宁夏	5.57%
户户辣椒酱	四川、陕西、青海	5.20%
李锦记	四川、陕西、新疆	4.40%
美乐牌香辣酱	陕西、青海、宁夏	3.20%
辣妹子辣椒酱	陕西、陕西、宁夏	2.05%
小康牛肉酱	陕西、青海、宁夏	1.96%
其他	—	11.89%

资料来源：智研咨询.2014—2019 年中国辣椒酱市场竞争格局与发展前景研究报告，2018.

"你问老干妈卖到多少个国家？我也不晓得
　卖到了多少个国家，我只能告诉你，
　全世界有华人的地方就有老干妈。"

在中国民族品牌中，虽然老干妈的品牌价值不是最高的，但是从口碑传播的角度来分析，老干妈获得的盛誉无数，无数网民甚至把老干妈的创始人陶华碧奉为"国民最热辣女神"，海外留学生更是戏谑式地尊她为"亲妈"。

在今天国际化经济浪潮中，老干妈随着华人走到世界各地。对此,《时代周报》记者李兮言曾撰文写道:"有井水处有柳词,有华人处有'老干妈'。"这样的赞誉足以说明老干妈的美誉度和普及率。

"你们有男神都教授,我们有女神老干妈!"

2012年,一则老干妈辣椒酱登上美国奢侈品网站Gilt的新闻让国内消费者欣喜不已。作为中国廉价辣椒酱的老干妈从此被誉为全球顶级的辣椒酱。

此事件经过媒体的广泛宣传,在微博上,被戏称为"一秒钟变格格",甚至媒体还做了一幅美国自由女神像手拿老干妈的画,见图1-7。

图1-7　手拿老干妈的美国自由女神像

在北美华人超市中,老干妈的售价由原本的 2 美元变为近 12 美元,运费还需另外支付。

一位贵州网友在亚马逊网站留言说道:"美国 iPhone 在当地卖得便宜,但在中国贵。同样,老干妈在我们贵州几块钱一瓶,在美国卖 4 美元左右(折合人民币 20 多元),作为贵州人,我很骄傲。"

当老干妈成为奢侈品后,《贵州都市报》记者以"网传老干妈在国外的价格是国内的好几倍,请问是真的吗?"的问题采访了陶华碧。

陶华碧回答说道:"国内确实便宜得多。……我是中国人,我不赚中国人的钱,我要把老干妈卖到外国去,赚外国人的钱。"

更让中国食客没有想到的是,在 Gilt 网站上,成百上千的消费者为昂贵的老干妈买单。

同样在韩国,尽管价格昂贵,中国新国货老干妈仍迅速走红。2014 年,在韩国,老干妈辣椒酱的售价高达每瓶 3 800 韩元,约合人民币 22.45 元。一些食客们叹道:"你们有男神都教授,我们有女神老干妈!"

其实,老干妈受消费者追捧的现象不胜枚举,在社交网站脸书上,来自世界各地的老干妈粉丝交流最多的一个问题就是:上哪儿能购买到老干妈?在社交网站推特上,也有一大批老干妈的忠实粉丝,不断地贴出一些出人意料的搭配。

老干妈的产品不仅在发达国家深受消费者欢迎,在非洲国家,也一样畅销。一位媒体记者曾经在贵阳机场口岸采访一位首次来中国的非洲客人,该记者问非洲客人初到贵州的印象,这位非洲客人用非常生硬的汉语异常响亮地说出了"老干妈"这三个字。

知道贵州省贵阳市南明老干妈风味食品有限公司的消费者或许并不多,可是知名辣椒酱品牌老干妈,在中国可谓是家喻户晓、老少皆知。低调的老干妈辣椒酱不仅畅销中国的大江南北,在海外市场也是深受消费者青睐的。

据媒体报道,几年前,有位朋友去一个与中国建交时间不长的国家,在商场里看到唯一的"中国制造"就是老干妈,一打听原来还不是从中国直接进口,而是从第三国购买来的。老干妈的受欢迎程度由此可见一斑。[①]

>"你说老干妈卖到多少个国家?我也不晓得卖到了多少个国家,我只能告诉你,全世界有中国人的地方就有老干妈。"

谈及老干妈辣椒酱销售情况,陶华碧豪气地回答:"你说老干妈卖到多少个国家?我也不晓得卖到了多少个国家,我只能告诉你,全世界有中国人的地方就有老干妈。"

2017年,老妈妈品牌雄踞在各个榜单上。2017年,携程的数据显示,3亿用户乘坐飞机飞越了214个国家和地区,旅客随身携带频次最多的食品是老干妈、榨菜、方便面。携程的调查数据表明,老干妈几乎成了"辣椒酱"的代名词。

2017年末,贵州省质量技术监督局、贵州省经济和信息化委员会共同发布"2017年贵州省品牌价值30强"名单,老干妈以

---

① 王志文.好一个"老干妈"[N].中国国门时报,2012-11-05.

927.8 品牌强度和 121.48 亿元品牌价值位居第二,仅次于贵州茅台酒,见表 1-7。

表 1-7 2017 年贵州省品牌价值榜前 10(制造业)

企业名称	品牌强度	品牌价值(亿元)
贵州茅台酒股份有限公司	960.40	1883.19
贵阳南明老干妈风味食品有限责任公司	927.80	121.48
瓮福(集团)有限责任公司	903.80	81.52
贵州开磷控股(集团)有限责任公司	898.60	58.88
贵州茅台酒厂(集团)习酒有限责任公司	890.80	56.28
贵州百灵企业集团制药股份有限公司	782.20	53.37
贵州中烟工业有限责任公司	791.80	47.01
贵州航天电器股份有限公司	901.75	38.73
中国振华电子集团有限公司	848.50	24.47
国药集团同济堂(贵州)制药有限公司	885.40	23.62

老干妈凭借品牌优势,成为贵州制造业的榜样。2018 年 1 月 24 日,在贵州省人民政府新闻办公室举办的"2017 年贵州省主要经济数据解读媒体见面会"上,老干妈公司董事长秘书刘涛介绍说道:"近五年来,企业销售总收入超过 200 亿元,上缴各项税收近 32 亿元。目前老干妈辣椒制品的日生产能力已超过 300 万瓶,同时产品畅销全球各地,产品出口已突破 80 个国家和地区。"

第二章

商者有域

我做本行，不跨行，就实实在在把它做好做大、做专做精。这也做那也做，你哪有那么多的精力？我一心投入辣椒行业，越做越大，而且要做好。钱再来得快，也不能贪多。滴水成河，把一个行业做精。我们利很薄，就靠量，薄利多销。靠暴利那是不行的，滴水成河、粒米成箩。

——老干妈创始人　陶华碧

有限资源挖掘企业边界：
"滴水成河，把一个行业做精"

在这个充满诱惑的商业世界里，面对诸多机会，谁也不能否认这其中的吸引力。不过，尽管这些机会带着无限的诱惑，但是在这个弱肉强食的企业丛林里，特别是在风云变幻的市场环境中，能够保持专注、耐得住寂寞就显得尤为重要。

每当发展到一个新的阶段时，企业就会不得不面临选择新的发展方向问题，最常见的问题就是考虑是"专注"还是"多元化"。

因为多元化的需要不得不偏离核心业务，有的企业因此而日渐势微。与之形成鲜明对比的是，一些企业凭着一如既往的专注，最终成为该地区不可忽视的新兴力量，甚至成为隐形冠军。

这样的选择，老干妈也同样遇到过。陶华碧采取"集中一点"的战略，有效地把老干妈做成行业冠军。"小而专、小而精"战略往往是像老干妈这样的中小企业的战略选择。

有限资源最大化

在创业初期，陶华碧跟很多创业者一样，为了节约成本，尽可能地带头，很多苦活累活都亲自干。

老干妈与绝大多数家族企业一样，其核心成员大都由家族成员组成。在创建老干妈时，由于家庭成员的教育背景或工作经历大都各不相同，这就必然要求家族成员按照各自的专长、专有技术和业务经验来负责不同的岗位。

第二章　商者有域

在公司,陶华碧长子李贵山主管老干妈的市场拓展,次子李辉负责生产。作为创始人的陶华碧负责战略制定。但是在创业初期,陶华碧的这一职责还不那么明显。

1996年7月,贵阳的夏天依然是凉爽爽的。不过,此刻的陶华碧却很难静下心来,因为陶华碧借到南明区云关村村委会的两间房子,招聘了40名工人,创办起食品加工厂,专门生产麻辣酱,定名为"老干妈麻辣酱"。

陶华碧当上老板后,很容易激发家族成员的积极性,合理的资源配置是建立在家族成员共同商议的基础上的。之后,在家族企业的经营管理中,家族成员的岗位也会因各自的专业技能而略有调整。事实上,相比其他成员,创业团队核心人物的经验可能更为全面,其主导目标实现的愿望更强烈。与非家族成员相比,家族成员在企业生存和发展中起着更大的作用。

激活非家族成员的积极性,就成为陶华碧必须解决的问题。在陶华碧看来,管好工厂的前提是合理的管理模式。但陶华碧大字不识一个,到底如何管呢?一番苦思冥想后,陶华碧想出了一个"土办法":"我苦活累活都亲自干,工人们就能跟着干,还怕搞不好?"

陶华碧不仅这样说,而且就这么干,什么事情都亲力亲为。在创业初期,辣椒酱生产全都是手工操作,其中捣麻椒、切辣椒时溅起的飞沫把人的眼睛辣得不停地流泪,非家族成员的工人们自然都不愿干这个工作。

陶华碧知道这些员工的心思,就亲自动手,一手挥着一把菜刀,嘴里还不停地说:"我把辣椒当成苹果切,就一点也不辣眼睛了。"

这些起初不愿意干的员工听了,笑了起来,慢慢地,也纷纷拿起了菜刀……那段时间,陶华碧身先士卒地干,结果累得患了肩周炎,10个手指的指甲因搅拌麻辣酱全部钙化了。当非家族成员的员工看到作为老板的陶华碧都这么拼命苦干,他们自然也就跟着卖力地工作。在中国企业家中,像陶华碧这样的企业家举不胜举。

1985年年底,对于浙江萧山人徐传化来说,这一年无疑是不幸的,其子徐冠巨突然患上了溶血性贫血病。在短短的两个月中,徐传化就欠下2万多元的外债。这对于20世纪80年代的中国普通农民家庭而言,无疑是一件非常不幸的事情。

为了还清给儿子治病的外债,徐传化不得不另辟蹊径,创办了一个家庭手工作坊,主要生产液体洗涤剂。

徐传化跟其他创业者一样,在创业初期,其艰难程度难以想象。没有反应锅,徐传化就用水缸来替代;没有锅炉,就用铁锅加柴烧来替代;没有搅拌机,就用人工来替代。

在创业初期,徐传化掌握着企业的方向盘,决定着企业的经营方向。此时,作为创始人之一的徐冠巨尽管有病在身,也开始承担起重要的经营角色。

徐传化和其子徐冠巨的基本分工原则是,徐传化负责对外工作,而徐冠巨负责内务。

徐冠巨在接受媒体采访时回忆说:"1986年,改革开放才

第二章 商者有域

开始不久,许多领域还有很多计划经济的残余,当时的原料很难采购,我父亲要通过一些单位的熟人,才能买到一些,而且量很小。销售那块,也是我父亲负责。当时我一边养病,一边做企业内部工作,比如财务会计、企业日常管理、宾客接待等等,另外,我还学习新工艺,研究开发新产品。"

1986年10月,徐传化父子设备简陋的家庭作坊诞生了。徐冠巨在接受媒体采访时回忆说:"一开始因为资金少,我们只能晚上生产,白天用自行车驮着液体洗涤剂到各村各户去叫卖,再把卖来的钱购原料再生产,如此循环往复。"

尽管作坊设备简陋,却取得了不错的业绩。1987年,其销售额达到了33万元,利润超过了3万元。徐传化不仅还清了所欠的债务,还成了浙江萧山当地先富起来的典型。而更让徐传化欣喜的是,徐冠巨原本很难治的病,却大有好转。

由于液体洗涤剂供不应求,1988年,徐传化父子租用村里的房子作厂房,扩大生产规模。此时徐家的一些亲戚朋友也加入到生产和销售中来,家庭作坊逐渐演变为家族型企业。1989年,徐传化父子和他们的企业又向前跨出一步。他们向当地政府租用了3亩地,盖起了厂房,安装了锅炉。在继续拓展液体洗涤剂市场的同时,产品开始向印染助剂类扩展,企业规模继续扩大,职工人数已达几十人。从此之后,徐传化父子的企业逐渐走上正轨。[①]

一般地,在家族企业中,领导者多由家庭中的父亲、叔叔、兄

---

① 朱国栋.徐冠巨新传:再造传化物流帝国[N].上海证券报,2007-10-16.

长等角色担任。众多优秀的家族企业，其核心人物的专有技术非常强和业务经验非常丰富，他们主要负责企业的总体事务，在业务方面倾向于主抓关键环节，如产品研发、市场营销等。由于个人的专有技术和业务经验的限制，他们可能分别担任原料采购、财务、营销等企业核心层面的负责人。

这样一个家族式创业团队，在创业初期甚至在很长的一段时间内，都具有很强的竞争优势。因此，家族成员拥有娴熟全面的专业技能是家族企业做强做大的关键因素，也是成为世界500强企业的有力保证。

就算给你10亿元，也做不到如今的老干妈

在创业初期，由于老干妈规模较小、资源有限等特点，陶华碧不得不有针对性地制定出"小而专、小而精"的发展战略。

究其原因，创业初期的老干妈由于实力较为弱小，无法进行多元化扩张来分散企业经营风险，因此，陶华碧转而集中优势兵力，通过专业化的经营来纵深地研发辣椒酱产品，有效地发挥老干妈的自身优势，抢夺细分市场。

陶华碧采用这种"小而专、小而精"战略的优势有如下两个：第一，创业初期的老干妈通过规模生产、提高专业化程度和产品质量，让老干妈的规模经济效益最大化，最终在辣椒酱市场上站稳脚跟，建立了一道坚不可破的防线。第二，随着辣椒酱需求的多样化和老干妈专业化程度的提高，很多企业也愿意与这种专业化程度高、产品质量好的企业合作，并为其提供配套产品，有效地实现"以小补大""以小搞活""以专补缺""以专配套""以精取胜"

"以精发展"的战略。

当然,老干妈的案例并非唯一,例如,美国国民罐头公司就是通过专业化战略获得成功的企业。

美国国民罐头公司在大企业纷纷转型的形势下,反其道而行之,重视专业化经营。为此,经营者卖掉了一些没有关联的企业,打造一个只生产罐头的企业。

专业化战略不仅提高了美国国民罐头公司的技术,同时其产品的质量也得到提高,因此赢得了较好的发展,10年内其资产由1.8亿美元增长到10亿美元。在中国,类似的企业也举不胜举,例如,杭州万向节厂就是采用这种经营战略摆脱困境、走向成功的。[①]

现代管理学之父彼得·德鲁克(Peter F.Drucker)曾告诫美国企业家说:"要想取得成就,必须在使命感的驱使下'从一而终',把精力专注在一件事上。那些有着很多兴趣,而没有单一使命的人,大多会失败,且对这个世界一点影响力都没有。"

老干妈就坚持了彼得·德鲁克的主张。老干妈把自己定位为一个抱定单一使命的企业,二十年如一日专注于一个不起眼的辣椒产业,用亘古不灭的诚信利器将自己的品牌打磨得光芒四射。[②]

陶华碧用老干妈这个案例告诉中国热衷于多元化的企业家,纵有千种理想、万般豪情,一旦不能抵制诱惑,再美好的多元化都只会是"镜中花""水中月"。

---

① 力鸿.集中一点——"小而专、小而精"战略[J].中国中小企业,2002(3):47.
② 林冈.被低估的"老干妈"[N].青岛日报,2013-03-04.

> "我们利很薄，就靠量，薄利多销。
> 靠暴利那是不行的，滴水成河、粒米成箩。"

对于任何一个企业家来说，把企业做强做大是其连做梦都想的事情，但是当真正地管理企业时，每个企业家选择的路径就大不相同。在老干妈的发展过程中，陶华碧选择了"滴水成河，做专做精"的经营策略。陶华碧说："我做本行，不跨行，就实实在在把它做好做大、做专做精。这也做那也做，你哪有那么多的精力？我一心投入辣椒行业，越做越大，而且要做好。钱再来得快，也不能贪多。滴水成河，把一个行业做精。我们利很薄，就靠量，薄利多销。靠暴利那是不行的，滴水成河、粒米成箩。"

陶华碧在做强老干妈的过程中，始终清楚在经营中必须坚持有所为和有所不为。陶华碧在公开场合所言的"有多大能力做多大事情"，无疑影响老干妈的企业战略。

> "我一心投入辣椒行业，越做越大，而且要做好。钱再来得快，也不能贪多。"

我在整理老干妈的资料时发现，陶华碧这样崇尚实业的企业家在贵州省可不算多，很多企业家都在强调多元化，强调政商关系，强调资本经营。而陶华碧却始终坚持"不贷款、不融资、不上市"，似乎与当下浮躁的风气格格不入。

在一些媒体的报道中，贵阳市政府也多次期望老干妈能够融资、多元化,以做大老干妈来拉动贵州的影响力。政府的介入必然会带给老干妈诸多好处,如银行贷款、土地优惠等政策。当地政府特别期望老干妈也涉足贵阳楼市。在当下,房地产可谓是赚快钱的项目。

陶华碧面对如此多诱惑始终没有动摇,坚持稳健的企业发展战略,坚持自己的选择——做本行,不跨行。用陶华碧的话说就是"我只晓得炒辣椒,我只干我会的"。陶华碧懂得,只有放弃房地产、新能源项目,才能做专做精辣椒酱行业。甚至连食品行业的果蔬罐头、豆瓣酱等,她也没涉足。

在陶华碧看来,做强犹如挖井,不在于挖多宽,而在于挖多深。只要坚持挖一口井,挖到水是必然的,如果贪多,遍地开花,必然是挖不到水的。

很多企业家到处挖坑,但每个坑都很浅,并没有挖到消费者的心里去,结果企业因为没有源源不断的现金流而倒闭。

陶华碧反其道而行之,始终坚持"有多大能力做多大事情",集中精力研发辣椒酱产品。迄今为止,老干妈的产品只有不到20个单品,在老干妈风味产品中,只有风味豆豉油制辣椒、红油腐乳、火锅底料、油辣椒、香辣脆油辣椒、香辣酱、辣三丁油辣椒、干煸肉丝油辣椒、精制牛肉末豆豉油辣椒、肉丝豆豉油辣椒、风味鸡油辣椒、风味糟辣椒、风味水豆豉等产品。

研发产品时,陶华碧专注在辣椒调味品上,产品几乎都与风味、豆豉、辣椒、香辣等关键词相关,几乎不做不相关的产品延伸,直到把辣椒调味品做深做透。

"老干妈只做本行，不跨行，就实实在在把它做好做大、做专做精。"

20世纪90年代，多元化以及做大风潮席卷华夏大地。很多企业家为了实现这个目标而迷失自我，最终企业因此轰然倒塌。

这样的教训给当下的企业家的启示是，做企业要有耐心、能坚持，经过时间的发酵，以前看似普通的产品和品牌就有了价值。企业要充分敬畏和尊重市场成长规律，保持长期经营心态，一味追求短平快，会让企业栽大跟头。

反观老干妈，陶华碧始终坚持有多大能力做多大事，坚持不上市，不被资本绑架，反而赢得了市场的尊重。

"有多大本事做多大的事"是陶华碧接受公开采访时多次提及的原则。老干妈至今不曾涉足其他行业。在陶华碧看来，"我做本行，不跨行，就实实在在把它做好做大、做专做精。钱再来得快，也不能贪多。"

"不要去贪大，要先把自己做强，吃的东西祖祖辈辈都可以延续下去"

美国"股神"沃伦·巴菲特在公开场合说过："只有当大潮退去的时候，你才能知道谁在'裸泳'。"一般地，我们把这句话理解为"股神"以此警示世人在股市投资中不要过于贪婪。这句话同样适用于中国企业，在前仆后继的创业大潮中，只有一小部分企业活了下来。老干妈就是其中一个。因为陶华碧坚持做本行、不跨行。

正如陶华碧所言:"我做本行,不跨行,就实实在在把它做好做大、做专做精。这也做那也做,你哪有那么多的精力?"这样的话语虽然朴素,但是却很实在、很管用。

老干妈在发展中,同样经历了诸多困难和挫折,特别是陶华碧,因为丈夫病死,不得不挑起养家育儿的重任,其艰难是常人难以想象的。不过,正是这样的经历,让陶华碧深知创业之艰难,在发展老干妈这个企业的同时,也尽可能避免让老干妈这艘大船倾覆倒下的事情发生。

为了让老干妈这个企业稳健地发展下去,陶华碧始终坚持不贪大,先把自己做强。凤凰网记者曾以"也有很多企业做大做强以后,开始走多样化,涉足最赚钱的行业。你们有没有心动过?"的问题采访了陶华碧的小儿子李辉。

李辉坦言,涉足其他行业赚钱的机会是很多的,也包括官员的推介。李辉说:"七八年前,就有官员说让我们走多样化,比如可以做些房地产。但是我母亲坚持不做。如果当时做了,今天钱可能不是问题,但辣椒还能不能走到今天就不好说了。我母亲说,不要去贪大,要先把自己做强,吃的东西祖祖辈辈都可以延续下去。"

在陶华碧看来,贪大会影响老干妈的未来,坚持"有多大能力做多大事情",集中精力研发辣椒酱产品,这样的经营风格是打造百年老店的基础。在"中华老字号"企业中,经营食品和药品的企业占了很大比重。民以食为天,人们对食品和药品的安全、可靠度十分关注。注重诚信、关注民生的企业文化就成为经营食品和药品的老字号的突出特点。

  北京老字号影响力调查数据显示,在消费者最喜欢的老字号品牌前十名(全聚德、稻香村、东来顺、同仁堂、六必居、吴裕泰、张一元、馄饨侯、王致和、西单商场)中,食品和药品企业就占了九家,并且排在前九位。

  这些老字号,一个典型的特征就是特色经营。老字号虽然大多身处商业、餐饮、服务等进入门槛较低的行业,却能够在激烈的竞争中脱颖而出,关键在于其拥有难以复制的核心竞争力,表现在独特的产品配方、技术、手艺等方面,而且能够在保持传承的前提下,最大限度地防范核心技艺的扩散,构筑起其他企业无法超越的竞争壁垒。如北京老字号中,便宜坊的焖炉烤鸭,全聚德的挂炉烤鸭,清华池的修脚技艺,同仁堂的安宫牛黄丸、大活络丸、牛黄清心丸、紫雪,长春堂的避瘟散、无极丹,东来顺的涮羊肉,王致和的臭豆腐、酱豆腐,同和居的宫廷菜肴,仿膳饭庄的御膳,牛栏山的二锅头,吴裕泰的茉莉花茶,鸿宾楼的全羊席,月盛斋的酱制羊肉,天福号的酱肘子,一得阁的墨汁,戴月轩的湖笔等等。老字号传承的特色产品和技艺很多至今仍是老字号的看家法宝。[1]

  对于新创建的老干妈来说,只有秉承创业初期的那种匠人精神,才能把老干妈打造成为一个名副其实的百年老店,让"吃的东西祖祖辈辈都可以延续下去"。

---

[1] 王成荣,李诚,王玉军.老字号品牌价值[M].北京:中国经济出版社,2012:100.

第三章

品质至上

不行!这事关公司的信誉!马上派人到各地追回这批货,全部当众销毁,一瓶也不能漏掉!损失再大,也没有在市场上失信的损失大!

——老干妈创始人　陶华碧

把控原材料，即使亲妹妹也毫不妥协

老干妈之所以能够成为辣椒酱的标杆，是因为创始人陶华碧严格地把控原材料的采购与选用，甚至到了非常严苛的地步，即使面对自己的亲妹妹，陶华碧也一视同仁，毫不妥协。这正是老干妈能够赢得消费者喜爱的真正原因。

来自贵州的另一位企业家任正非也非常强调质量在竞争中的作用。任正非说道："我们决不能为了降低成本，忽略质量，否则那是自杀，或杀人。搞死自己是自杀，把大家都搞死了，是杀人。"

客观地讲，在中国的众多企业中，华为绝对可以算得上是对质量管理比较重视的一个企业。华为在制定基本法时就提出："我们的目标是以优异的产品、可靠的质量、优越的终生效能费用比和有效的服务，满足顾客日益增长的需要。质量是我们的自尊心。"

"我的辣椒调料都是100%的真料，每一个辣椒，每一块牛肉都是指定供货商提供的，绝对没有一丝杂质。"

在接受媒体采访时，陶华碧是这样介绍的："我的辣椒调料都是100%的真料，每一个辣椒，每一块牛肉都是指定供货商提供的，绝对没有一丝杂质。"

正是严格到苛刻的原材料把控，以及产品为王的理念，让老干妈走向世界，成为辣椒酱的代名词。

在老干妈的产品系列中,一共才十几种品类,每一个品类都是陶华碧亲力亲为的心血。陶华碧从不偷工减料、以次充好,用料、配料、工艺拿捏准确,在整个流程中,她对原材料的把控达到旁人难以置信的苛刻程度,而且还添加了许多讲究,从而保持产品风味虏获顾客的舌尖。

在很多课程中,很多企业老板热衷于求助某些策划人,或者某些营销大师,却不重视产品的品质。这样的做法无疑是舍本求末。纵观至今仍活跃在市场上的知名百年老店,都是坚持品质至上的。

在这里,我们就以同仁堂为例。回顾同仁堂的历史不难发现,从最初的同仁堂药室、同仁堂药店,到如今的北京同仁堂集团,同仁堂历经清王朝由强盛到衰弱、外敌入侵、军阀混战,以及中华人民共和国的建立。这块传奇金字招牌屹立300多年不倒与同仁堂重视药品质量是分不开的。同仁堂开业初,创始人乐显扬十分重视药品质量,且严格坚守药品的制作流程。

到了第二代,乐凤鸣(乐显扬的三子)子承父业,于1702年在同仁堂药室的基础上开设了同仁堂药店。乐凤鸣不惜五易寒暑之功,苦钻医术,刻意精求丸散膏丹及各类配方,汇集成书。

在该书的序言中,乐凤鸣提出,"遵《肘后》,辨地产,炮制虽繁,必不敢省人工;品味虽贵,必不敢减物力"。乐凤鸣的要求为同仁堂制作药品建立起一套严格的选方、用药、配比及工艺规范,且代代相传,培育了同仁堂良好的商誉。

即使在今天,为了保证药品的质量,同仁堂仍然坚守选料关口。在过去,供奉御药的北京同仁堂,建立了较为严格的选料制药传统。正是基于此,同仁堂保持了良好的信誉,即使中华人民共和国成立后,除严格遵照国家明确规定的标准外,同仁堂对特殊药材依然坚持采用特殊办法以保证其上乘的品质。

例如,同仁堂制作的乌鸡白凤丸,其选料需要纯种乌鸡。为此,北京市药材公司选择了无污染的北京郊区饲养乌鸡。在饲养的过程中,对乌鸡的饲料和饮水都严格把关,一旦发现乌鸡的羽毛骨肉稍有变种蜕化,立即淘汰。

这种精心喂养的纯种乌鸡,其质地纯正、气味醇鲜,含多种氨基酸,有效地保证了乌鸡白凤丸的药品质量。

在同仁堂的药品中,主要产品是中成药。为了保证药品质量,除了处方独特、选料上乘外,还必须遵守严格的工艺规程。究其原因,炮制一旦不依工艺规程,不能体现减毒或增效作用,或者由于人为的多种不良因素影响质量,其药效就难以保证,甚至还会使良药变毒品,危害患者的健康和生命安全。

在中成药的生产过程中,从购进原料到包装出厂,总共上百道工序,加工每种药物的每道工序,同仁堂都有严格的工艺要求,投料的数量必须精确,各种珍贵细料药物的投料误差控制在微克以下。例如,犀角、天然牛黄、珍珠等选料最终研为最细粉,除灭菌外,必须符合规定的罗孔数,保证粉剂的细度,且颜色必须均匀、无花线、无花斑、无杂质。

把控原材料,即使亲妹妹也毫不妥协

在老干妈企业中,陶华碧时常告诫员工:"产品一定要足量给顾客,不讲诚信就是自砸招牌。"为了确保老干妈的产品质量,本着对消费者负责任的态度,陶华碧宁愿辜负亲情也在所不惜。

有一次,陶华碧的亲妹妹从遵义市湄潭县采购了一车干辣椒送到贵阳,满怀期望地销售给自己的姐姐。然而,经过质量检验,陶华碧妹妹采购的辣椒因为某项指标不符合用料标准,陶华碧当即要求原车退回。

妹妹非常不理解陶华碧"不近亲情"的做法,赌气地将一车辣椒再次拉回了老家湄潭县。从此以后,妹妹10多年没有跟陶华碧说过话。

事实证明,正是陶华碧坚持诚信,赢得了消费者的信任,才打造了老干妈这个品牌。受传统文化影响的陶华碧把仁、义、礼、智、信这"五常"作为做人、经商的训条。所以老干妈成为中国驰名商标也就不足为奇了。

在中国企业家中,为了企业的发展得罪亲戚的,不止陶华碧一个,格力电器董事长董明珠也是其中一个。

在中国业界,都知道董明珠崇尚法家学派,是一个不折不扣、坚定的拥护者和执行者,甚至是一个高度集权、雷厉风行的领导者。

董明珠介绍说:"制度是刚性的,一旦制定,就要严格执行,概莫能外。"在董明珠看来,作为制定和推行制度的人,首先要有足够的权力,并能以身作则。

在格力电器,作为董事长的董明珠带头遵守公司制度,不仅如此,为了更好地维护格力电器的制度,她甚至还拒绝了给自己亲哥哥购买格力空调的要求。

1995年,正值空调销售的旺季,董明珠的哥哥受一个经销商的委托,亲自到珠海找董明珠,打算批发价值3 000万元的空调。一旦事情办成,该经销商承诺支付给董明珠的哥哥2%的提成(60万元)。在当时,60万元可是一笔巨款。

按照格力电器的有关规定,董明珠可以帮助哥哥批发这一批空调,因为这订单本身并不违反规定,同时还给格力电器带来收益,这本是一件双赢的事情。

让人不理解的是,董明珠却断然拒绝了哥哥的要求。不仅如此,董明珠还告知该经销商,不会批发给他3 000万元的空调。

在董明珠看来,如果自己答应帮助哥哥批发了这3 000万元的空调,就等于开了一个先例,可能导致的后果就是其他经销商依葫芦画瓢,破坏了原有的市场秩序。为了避免与同事之间过多的接触可能会导致徇私,除了工作之外,董明珠几乎也不会与同事往来。①

董明珠解释说:"我觉得我的权力不是为自己用的,是为企业用的。企业家品格中最重要的是无私。"

不管是陶华碧,还是董明珠,他们宁愿得罪自家人也不愿做人情,是因为只有将企业的声誉放到首位,才能保证企业的利益,否则,一旦放行,后患无穷。

宁愿让机器停工,也不愿让瑕疵原料进入生产流程

对于任何一个食品企业来讲,过硬的产品质量是其形成品牌口碑传播的关键,更是渠道拓展的助推器。在老干妈产品的市场

---

① 崔丽,张莹.董明珠:水至清亦有鱼[N].中国青年报,2013-11-20.

拓展中,高质量产品不仅提升了顾客对品牌的忠诚度,同时也给竞争者建立了一道不可逾越的壁垒,让老干妈成为"辣椒酱"标杆。

在坚守产品质量的基础上,陶华碧以企业家精神促进老干妈的品牌传播。陶华碧公开称:"宁愿让机器停工,也不愿让瑕疵原料进入生产流程。"

在产品生产过程中,可能会遭遇瑕疵原材料,有的企业经营者为了减少损失,任其进入生产流程,最终让不合格的产品进入市场。在创业过程中,陶华碧就遇到过这种情况,不过,其做法与之相反。

一些合作伙伴和厂家为了私利或某种目的,在给老干妈供货时,使用问题原料。陶华碧发现后,竟然毫不犹豫地宁愿停止生产,也不使用不合格的原料,这出乎供货商的意料。

有一次,由于老干妈辣椒酱畅销,急需豆豉原料,陶华碧让重庆的一家豆豉酿造厂尽快运送10多吨豆豉到贵阳来。由于是"等米下锅",检验员收货时没有像平时那样仔细检查。

工人把10多吨豆豉卸下后发现,供货商把质量好的豆豉摆放在最外面,放在中间的豆豉竟然都馊了。假如只顾着赶生产进度,这批豆豉经过特殊处理后也是可以用的,只不过口感差一些,但是陶华碧坚持宁可自己损失,也不能糊弄消费者。

在急需原料的情况下,陶华碧坚持退货,工厂因为原料短缺而被迫停产两天,造成了巨大的损失。

反观当下其他企业,一些经营者为了尽可能地节约成本,故意采购不合格的原材料,导致产品问题重重。

当然，也有一些企业为了追求规模，一味地追求门店扩张或渠道拓展，最终却因为扩张过快而影响了服务质量，结果深陷泥潭。

众所周知，要想赢得消费者的认可，过硬的产品质量是前提。

当陶华碧面临原材料不合格这个问题时，显然是感到非常头疼的。第一，不合格原材料虽然可以用，但是可能会影响自身的品牌形象；第二，在初创阶段，如果不按时供货，不仅损失市场份额，同时还可能让竞争者乘势而入；第三，让机器停下来，意味自己将承担更大的损失；第四，老干妈的资金链可能因此断裂……

面对这个考验时，陶华碧以品牌形象为重，力排万难，果断地退货停产。事隔多年，陶华碧依然义愤填膺，她说道："宁愿让机器停工，也不愿让瑕疵原料进入生产流程。"

正是因为如此，老干妈的品牌形象才扎根在消费者心中。在一个论坛上，易到用车创始人周航就以老干妈为例，阐述极致产品才是赢得消费者的关键法宝。

2018年7月，易到用车创始人周航接受媒体采访时称，不管是做企业，还是做投资，只有做好了，才能赚钱，做不好都赚不到钱。做好的前提是拥有卓越的产品，相反，没有卓越的产品，不管是做企业，还是做投资，都将面临困难。

周航解释称，不管是小而美的摊煎饼，还是大而全的互联网平台，只要把产品做到卓越和极致，肯定有赚钱的空间。周航举例说道："耳机以前在音响行业是最小的配件，现在却有很大的市场空间，全球耳机的产量一年至少在15亿只以上。苹果做了一个AirPods耳机，用了5年时间，甚至为它重新写了一个蓝牙协议，售价 200 多美元，成本大概只有 30 美元，这个产品一年赚到了过去耳机行业一年的全部利润。"

在周航看来，只有真正地把产品做到卓越，才能赚大钱。不仅互联网企业，还有一些传统企业也是如此，比如来自贵州的老干妈。周航说道："老干妈一年卖 60 亿元，就这么一个单品。我们的信息量很多，接触的人也多，你这个也学，那个也学就完蛋了，你要把你的事做到极致。"

"事关公司的信誉！马上派人到各地追回这批货，全部当众销毁，一瓶也不能漏掉！"

众所周知，市场竞争的实质是产品的竞争。从这个角度来看，质量已成为中国企业赢得有利竞争地位、实现长远发展最为重要的因素。

为了支持企业不断地提高自身的产品质量，1951 年，日本设置了国家质量奖——戴明奖，每年将此奖颁发给在质量管理项目上有突出贡献的企业。经过 20 多年的努力，日本企业凭借自身的产品质量，成功地拓展了美国市场。

相比之下，中国企业的质量管理起步要晚一些。1985 年，作为国企厂长的张瑞敏，怒砸 76 台不合格冰箱，这一事件至今被奉为中国企业管理史上的经典案例。从那以后，中国企业的质量管理开始被重视。不管是老干妈的召回事件，还是谭传华含泪烧掉 30 万元梳子的事件，都从另外一个角度说明，质量管理的观念已经被中国企业家所接受。

在原材料采购、产品加工,以及销售过程中,一旦发现关乎产品质量,立即处理,毫不含糊

在多个企业家论坛上,诸多企业家豪言壮语,不是谈论区块链,就是人工智能,介绍产品质量的,几乎没有。

在这些企业家看来,产品质量不过是企业经营中的小论题,似乎只有介绍前沿的理论,方能显示自己的管理视野和公司的战略水平。

其实,这样的看法是有失偏颇的。对于任何一个企业来说,产品质量是支撑一切的基础,倘若产品质量出现问题,那么一切都是空中楼阁,没有任何基础。

当前,在中国,重视产品质量的企业家越来越多,陶华碧就是其中一个。

在陶华碧看来,老干妈良好的口碑源于其本身的产品质量。因此,她在原材料采购、产品加工,以及销售过程中,一旦发现关乎产品质量的问题,立即处理,毫不含糊。

例如,早在2001年,有一个玻璃制品厂给老干妈公司提供了800件(每件32瓶)玻璃瓶。使用这批瓶子的辣椒酱刚铺货时,就有客户反映:"有的瓶子封口不严,有往外漏油现象。"

陶华碧知道此件事情后,非常清楚问题的严重性,要求公司相关部门迅速查处此事。

部分管理人员向陶华碧建议说:"可能只是个别瓶子封口不严,把这批货追回重新封口就行了,不然损失就太大了,这可是800件货呀!"

陶华碧当即否定了这些人的意见,坚决地说:"不行!这事关公司的信誉!马上派人到各地追回这批货,全部当众销毁,一瓶也不能漏掉!损失再大,也没有在市场上失信的损失大!"

在陶华碧的督促下,老干妈召回所有问题产品。召回800件货导致老干妈公司损失巨大,却证明了陶华碧信守产品质量的决心和态度,让一件坏事变成了一件好事。

在谭木匠公司内部,谭传华含泪烧掉梳子的质量管理案例,时刻提醒员工要做出"最好的梳子"。

一个跟随谭传华闯市场的"元老"员工介绍称,1995年,在创业的第三个年头,谭木匠的业绩终于有了一些起色,一些重大技改相继完成。

然而,与新工艺新标准比,此前的木梳产品有瑕疵,存在些许小问题。最后,谭传华从库房里清理出15万把木梳。

这15万把木梳都是技改前生产的产品,按当时的生产成本计算,至少价值30万元。倘若降价处理,收回成本肯定没问题。

在当时,有几个批发商看中了这15万把梳子,愿以低价格全部收购。价格都已经谈妥,但是谭传华却迟迟不愿签字。

随后,谭传华专门召开全体行政管理人员会议,商量把这15万把木梳烧掉。在那次会议上,没有一个人同意谭传华的做法。

谭传华解释说道:"我们舍不得这30万(元),就不是真心想创名牌企业。只有把诚信放在首位,谭木匠才有希望。"

最后,谭传华说服员工把15万把木梳堆在一起,谭传华亲自点了火,在场的多名工人都流下了眼泪,谭传华的眼眶也湿润了。正是谭传华的诚信,才成就了谭木匠的木梳帝国。

第三章 品质至上

"修合无人见,存心有天知"的商业哲学

陶华碧的做法在中国企业界并非个案,一些有远见的企业家也用自己的行动来践行"修合无人见,存心有天知"的商业哲学,这样的哲学是支撑中国崛起的重要基石。

改革开放初期,由于中国物资匮乏,产品质量问题往往容易受到忽视。20世纪80年代,中华人民共和国第一代企业家张瑞敏做出了一项令中国人想不明白的事情——完全可以凑合用的冰箱为什么要砸掉?

然而,正是这次事件让海尔冰箱的质量管理进入公众视野。1984年,时年35岁的张瑞敏临危受命,接任当时已经资不抵债、濒临倒闭的青岛电冰箱总厂厂长。时隔多年,张瑞敏回忆说:"欢迎我的是53张请调报告,上班8点钟来,9点钟就走人,10点钟时随便在大院里扔一个手榴弹也炸不死人。到厂里就只有一条烂泥路,下雨必须要用绳子把鞋绑起来,不然就被烂泥拖走了。"

张瑞敏不得不面对这么一个"烂摊子"。当时,中国制造业正在实施进口替代战略,具体的做法是,通过大规模引进欧美、日本等发达国家和地区的生产线,改变中国落后轻工业的现状。

上任后的张瑞敏,作出第一个决策——把工厂的牌子更换为"青岛电冰箱总厂"。张瑞敏向青岛市和北京轻工业部再三要求,成功引进利勃海尔的技术,成为中国轻工业部确定的最后一个定点生产厂。

引进先进的技术只不过是张瑞敏带领海尔走出困境的第一步。1984年12月,他制定了海尔第一个发展战略——名牌战略。

为了让名牌战略落地,张瑞敏开始着手抓质量管理。

在当时的中国,像冰箱这样的商品是稀缺的。加上中国冰箱行业起步较晚,厂家生产的产品质量也参差不齐。

张瑞敏上任不久之后收到一封消费者的来信,信中说,该消费者要买一台冰箱,结果挑了很多台都有质量问题,最后勉强购买了一台。

张瑞敏将库房里的400多台冰箱全部检查了一遍,竟然发现有76台冰箱存在不同程度的问题,不合格率几乎达到19%。

面对这样的问题,张瑞敏把职工召集到车间,一起商议如何解决质量问题。对于问题冰箱怎么处理的问题,有的职工认为,既然不影响产品使用,干脆便宜点处理给职工。当时冰箱的价格是每台800元,相当于一个职工两年的收入。

然而,张瑞敏向职工们表示,要把问题冰箱全部砸掉,谁生产的谁来砸。张瑞敏领头砸了第一锤。就这样,76台冰箱都被砸成了废铁。"张瑞敏砸冰箱"成为这家日后中国最大的家电公司的一个传奇。这表明了第一代企业家的自我蜕变正是从质量意识的觉醒开始的。此后的十余年,是海尔高速成长的黄金时期,张瑞敏通过引进欧洲的生产技术及日本的精细化管理模式,迅速实现了产量与质量的双重跃进。在1994年,也就是他创业的第十年,海尔冰箱产销量跃居全国第一。[①]

事隔多年,当张瑞敏被问及1985年怒砸冰箱的动机,张瑞敏说道:"1984年我到联邦德国考察,当地产品精湛的工艺给了我极

---

① 吴晓波.创业30年,张瑞敏的解构主义转型[EB/OL].http://www.cyzone.cn/article/111406.html.

大的冲击,我问自己,我们中国人并不比德国人笨,难道我们就不能做得和他们一样吗?"

面对不合格产品,张瑞敏反思说:"过去大家没有质量意识,所以出了这起质量事故。这是我的责任。这次我的工资全部扣掉,一分不拿。今后再出现质量问题就是你们的责任,谁出质量问题就扣谁的工资。"

从此,"质量"两个字扎根在青岛冰箱总厂员工心中。3年后,该厂产品在全国评比中获得国家质量金奖,这是电冰箱行业取得的第一枚质量金牌。

尽管张瑞敏大锤砸问题冰箱是在1985年,陶华碧坚持召回问题产品是在2001年,时间相隔16年,但是两人都是在坚持质量为王的企业战略。今天的老干妈和海尔,能够被消费者所认可,归根结底还是产品质量好。

第四章

精益求精

"我没有文化,就一心研究技术,有技术,到哪里都干得好。卖米豆腐时,我做的米豆腐可以下锅炒,做辣椒调味品,也总是比别人口味独特。"

——老干妈创始人　陶华碧

"不管什么产品，只要我一闻一尝，就晓得哪种配料没放对。"

在20世纪80年代的创业浪潮中，创业者主要有三种情况：农民为了改变自己的生活状况；城镇无业人士为了解决就业；公职人员出于个人原因辞职创业。在这三种情况中，第一、二种居多，陶华碧显然是属于这一类。在公开场合，陶华碧对外坦言："我没文化但是有技术。"

在陶华碧看来，由于历史原因，缺乏文化知识是自身的短板，不过，在技术类企业创业中，支撑企业发展的关键，不是学历，而是核心技术。陶华碧有底气地介绍自己："我没有文化，就一心研究技术，有技术，到哪里都干得好。"

在四川地区，主要是倾向麻辣；在湖南地区，主要倾向鲜辣；而在贵州地区，主要是倾向香辣。由于食辣的倾向不同，导致了各地区所生产的产品风味迥然不同。

事实证明，陶华碧把老干妈辣椒酱做得香，香辣结合，这就为老干妈产品覆盖除中国台湾省以外的全国各地，并远销欧盟、美国、澳大利亚、新西兰、日本、韩国、南非等国家和地区打下了坚实的基础。

老干妈取得这样的成就，离不开陶华碧的潜心研究和探索。经过上百次的产品实验验证之后，老干妈的产品终于得到了消费者的认可。如今，在产品开发方面，陶华碧依然是老干妈公司的技术总监。

第四章　精益求精

为了能够开发更好的辣椒酱产品，陶华碧坚持不喝茶，不喝饮料，从而保持灵敏的味觉和嗅觉。陶华碧自信地说："不管什么产品，只要我一闻一尝，就晓得哪种配料没放对。"

在陶华碧看来，尽管自己没文化，却拥有制作好吃辣椒酱的手艺，这是很多竞争者无法超越的。

> "我没有文化，就一心研究技术，有技术，到哪里都干得好。卖米豆腐时，我做的米豆腐可以下锅炒，做辣椒调味品，也总是比别人口味独特。"

老干妈辣椒酱之所以能够被广大消费者接受，是因为老干妈创始人陶华碧拥有过硬的技术，这不仅是老干妈的核心竞争力，同时也是老干妈的独门绝技。

我查阅相关资料发现，在中国，做辣椒酱的企业家不在少数，甚至都数不过来。让人意外的是，只有老干妈能够独步天下，行销全球。曾经有国家科研人员组建一个团队试制辣椒酱，试图在辣椒酱里添加营养成分，他们费尽周章，调来调去，结果发现辣椒酱的味道始终不对。

曾有媒体记者试图探究老干妈成功的秘诀。面对记者的提问，陶华碧解释说道："我没有文化，就一心研究技术，有技术，到哪里都干得好。卖米豆腐时，我做的米豆腐可以下锅炒，做辣椒调味品，也总是比别人口味独特。"

在陶华碧看来，好的产品都是建立在无数次实验、精益求精的基础之上的，这就是工匠精神的体现。就连国家制定的油制辣椒标准，都是在老干妈的标准基础之上制定的。在很长一段时间里,在产品开发方面,陶华碧一直是"把关人"。

在当下喧嚣的功利时代,陶华碧所体现出来的工匠精神,尤其难能可贵。正是这样的工匠精神,让产品赢得消费者的青睐。

前不久,我应邀出席某论坛,我主讲的题目是"大规模倒闭潮下,传统企业到底该如何转型?"

在此次演讲中,我介绍了上海阿大葱油饼的例子。据媒体的披露,制作葱油饼的人名字叫阿大,其真实名字叫吴根城,由于在家里排行老大,大家都叫他"阿大"。

阿大介绍,一炉只能做20个葱油饼,且每炉需要30分钟,每天只能做300个。在制作葱油饼的过程中,阿大始终坚持自己的工作流程,而且一坚持就是34年。

英国BBC专门为阿大葱油饼拍了一组纪录片,曾两度引起李克强总理的关注。

此案例说明,在传统行业中,尽管巨型企业独霸市场,但是对创业者来说,并非没有机会,主要是看创业者如何通过自身的匠人基因切入利基市场。

如今的老干妈,凭借贵州地方特色的香辣调味品,通过对技术的不断创新,开发出风味腐乳、香辣菜、香辣酱等新产品。不管是老干妈,还是阿大葱油饼,他们用今天的成绩证明,只有回归商业本质,产品才能赢得消费者的认可。

"工匠精神"出现在中国政府工作报告中

老干妈之所以能够赢得顾客的认可,是因为陶华碧的工匠精神。2016年3月5日,国务院总理李克强在第十二届全国人民代

表大会第四次会议上提出——努力改善产品和服务供给。突出抓好三个方面:

一是提升消费品品质。加快质量安全标准与国际标准接轨,建立商品质量惩罚性赔偿制度。鼓励企业开展个性化定制、柔性化生产,培育精益求精的工匠精神,增品种、提品质、创品牌。

二是促进制造业升级。深入推进"中国制造＋互联网",建设若干国家级制造业创新平台,实施一批智能制造示范项目,启动工业强基、绿色制造、高端装备等重大工程。落实加速折旧政策,组织实施重大技术改造升级工程。

三是加快现代服务业发展。启动新一轮国家服务业综合改革试点,实施高技术服务业创新工程,大力发展数字创意产业。放宽市场准入,提高生产性服务业专业化、生活性服务业精细化水平。建设一批光网城市,推进5万个行政村通光纤,让更多城乡居民享受数字化生活。①

关于努力改善产品和服务供给方面,李克强总理介绍了工匠精神。"工匠精神"出现在中国政府工作报告中,足以说明中国政府对工匠精神的重视,甚至有媒体把它列入"十大新词"进行深度解读。

工匠精神是中国传统文化中的精髓部分,中国历史中曾出现

---

① 李克强.政府工作报告:2016年3月5日在第十二届全国人民代表大会第四次会议上[EB/OL]. http://www.xinhuanet.com//politics/20161h/2016-03/17/c_1118364353.htm.

大量卓越的工匠,如善于解牛的庖丁,精于木工的鲁班等。

众所周知,工匠是部分中国百姓养家糊口的职业,比如,木匠、铜匠、铁匠、石匠、篾匠等。其顾客源相对稳定,只能在技艺上寻求突破,以保证顾客多次购买,甚至是数代人购买。可以说,各类手工匠人用他们精湛的技艺为传统生活图景定下底色。

然而,随着改革开放的深入,中国社会进入后工业时代,有些农耕文明时代传下来的手艺,与现代生活不相适应,一些老手艺、老工匠也因此逐渐地淡出中国人的日常生活,但是,精益求精的工匠精神,却不能因为农耕文明的远去而被抛弃,相反,工匠精神是支撑中国创造的关键。

究其原因,专注细节、精益求精一直是中国工匠秉承的精神。正是这种精神,铸就了中国传统制造业的辉煌,同时也是助推中国现代制造发展的重要动力。在十二届全国人大四次会议广东代表团全体会议上,小米科技创始人雷军直言不讳地指出:"中国产品与日本德国最大的差距是缺乏精益求精的工匠精神……我开始对大家去日本抢购电饭煲不理解,后来了解发现,日本的电饭煲的确比我们的好。"

据了解,日本电饭煲采用了新材料、新技术,使得加热更均匀,有种形象的说法是"让米粒在电饭锅里跳舞"。中国电饭煲只是把米煮熟,日本电饭煲则是煮好。雷军认为,中国制造业要尽快改善产品性能和品质,满足消费者的更高需求。

雷军说,要生产出让消费者激动的产品,强化设计是关键。雷军因此建议在全社会推行新国货运动,通过互联网做到足够平价,让每一个人享受到科技的乐趣。[①]

从这个角度来讲,工匠精神不仅体现了对产品精心打造、精工制作的理念和追求,更是要不断吸收最前沿的技术,创造出新的成果。这意味不仅需要敬畏职业、工作执着,更需要极度注重细节,不断地追求完美和极致,给客户提供无可挑剔的极致产品和服务体验,将一丝不苟、精益求精的工匠精神融入每一个环节,做出打动消费者的产品。

与工匠精神相对的,则是"差不多精神"。很多企业经营者时常满足于90%,觉得差不多就行了,而不是追求100%,以至于"100-1=0"的事件时常发生。

陶华碧曾说:"绝不可以忽悠中国消费者,否则消费者就会忽悠你。"因为差不多就会差很多。

对于老干妈的成功,上海美宝食品有限公司总经理姜袁芝是这样评价的:"我们是从1998年开始与老干妈合作的,可以说我们的发展历程也是老干妈的发展历程。在10多年的合作过程中,有几个方面的印象很深刻。首先是产品的品质,可以说是数十年如一日,而这也是老干妈能够有目前的市场影响力的一个重要原因。其次企业的发展理念并不浮躁,没有像其他的一些企业一样不断地去开发新的领域,进入其他的行业寻求发展,正是这样的理念,保证了老干妈产品优秀品质的延续。最后,老干妈在市场管理上的管控方式也保证了老干妈在消费市场的有序、快速增长。目前,老干妈在全国市场根据区域划分,已经建立了6个

[①] 黄应来.代表雷军:中国产品与日本德国最大的差距是缺乏工匠精神[EB/OL]. http://kb.sonthcn.com/content/2016-03/06/content_143543232.htm.

经销商峰会组织,这一组织的自发性和制度,保证了经销商之间、厂商之间信息交流的顺畅。目前,老干妈的销售增长仍然保持在20%左右,这在快消品领域很值得关注。"

对于当下的中国企业家来说,真正地让工匠精神从口号变成实际,这不仅需要企业家理性地看待工匠精神,同时还必须能够拒绝诱惑。

国务院发展研究中心中小企业研究室研究员马淑萍在接受《中国经济时报》采访时坦言:"人实现工匠精神并传承下去还是应该从根本上做到以下几点:一是逐步建立有序的市场竞争机制。完善产业分工协作关系,加强产业间的合作。二是企业要建立以人为本的雇佣体制。如实施员工培养计划,为保证管理和技术传承,可以实施师徒制度,减少技工流动性。建立鼓励团队合作的考核办法等。最后,建立和谐发展社会,它是基础。"[1]

在马淑萍看来,市场竞争和企业培养是传承工匠精神的关键。中国社会科学院工业经济研究所研究员周民良认为如下三点必不可少:

"首先要认真学习研究德国、日本的工匠精神究竟都体现在什么地方,为什么能够传承下来,为什么我们的一些工匠精神没有得到传承或者消失了,我们的社会究竟缺少什么?我认为,工匠精神无论对政治家、企业家、研究人员、街头摊贩,都是需要的。就是专业务实、不装样、不做假、不口是心非、不坑蒙拐骗,每一个人都可以在他的领域里追求工匠精神。

"其次,创造好的条件让工匠精神得到发扬。学习德国和日

---

[1] 范媛.寻找失传的"工匠精神"[N].中国经济时报,2016-04-11.

本的工匠精神,既要学习企业风格、企业做派,也要借鉴德国与日本政策、法律、法规等国家规制。通过制度设计,以保障工匠精神运行。要建立相应的奖惩措施,形成企业自律和他律相结合的评判体系。对于违反工匠精神的企业行为,一定要有制衡性的举措。当然,建立制衡的社会制度,才能更好满足全社会普遍的公共产品和公共服务需求。如果政府缺乏制衡,就会出现政府不像政府、政府官员自利性行为扩大、政府言而无信等现象,体现不出政府官员的工匠精神。

"第三,弘扬工匠精神,需要自上而下的行动。中国共产党是一个富于创新精神和不断实现目标的政党,在建设和改革的不同时期都采取过一些为民谋利的重大举措。要按照习近平总书记的要求,顺应人民的要求,在从严治党的基础上从严治政,使执政党的执政理念在具体的行政行为上与广大民众的呼吁相一致。"[①]

餐饮业不敢轻易替换老干妈,换老干妈就等于换菜

经过20多年的耕耘,老干妈在国内外被接受的程度越来越高,加上老干妈本身独特而稳定的口味,让很多餐饮企业获益匪浅,甚至还成就某些菜品。

无论消费者在何时购买,在何处购买,老干妈辣椒酱的味道都始终如一,这是十分难能可贵的。可以说,老干妈这种高度稳定的产品品质成了一般企业难以企及的竞争力。

---

① 范媛.寻找失传的"工匠精神"[N].中国经济时报,2016-04-11.

我在调研中发现,有老干妈"身影"的菜品在很多饭店中可见,如老干妈炒腊肉、老干妈炒回锅肉等。一部分企业也想推出替代产品,但是由于餐饮行业对产品口味的稳定性要求极高,餐饮企业不敢轻易更换调味品,一旦盲目更换,往往造成菜品口味的波动,因此,餐饮企业通常都不敢轻易替换老干妈,但凡替换老干妈,就等于换一个菜品。

老干妈辣味和酱香结合的产品优势是其他竞争者不具备的,在消费的眼中,老干妈＝辣椒酱。老干妈这种强势的固定印象,竞争对手难以打破。尽管很多竞争者一拨又一拨地涌现,但都没有坚持多久就退出市场了。

北京中味清云贸易有限公司总经理申健评价说:"我当时做的是老干妈的二级分销商,对这个企业和产品有一定了解,它在近五年发展迅猛,我想这跟产品本身有很大的关系。首先,我认为'辣'将成为一个市场消费趋势,比如早期,广东一带喜欢吃辣的人是很少的,但现在广东人也开始喜欢吃辣了。实际上,人们的消费习惯正在悄然改变,而辣椒酱的市场潜力也将越来越大。老干妈可以说一早就抓住了这样的一个消费趋势,我们公司也从2004年、2005年就开始代理与辣相关的调味制品。其次,老干妈的酱味做得恰到好处,不像其他企业一味强调'酱香浓郁'。我认为,没有酱味或酱味很小的产品才更容易被市场接受。此外,老干妈的价格体系也是和消费市场相匹配的。老干妈最开始的定价就紧跟同行价位,随着人民生活水平的提高,它在完善产品的同时,也制定出了与消费水平相适应的产品价格,这样不仅保证了经销商的利润,也容易被消费市场接受。"

在申健看来,老干妈的酱味才是赢得消费者认可的关键。我们在对消费者的研究中发现,消费者对老干妈印象具体有如下几个。

(1)老干妈＝辣椒酱

在佐餐开胃菜行业,老干妈经过多年的经营,始终一枝独秀。

老干妈向消费者灌输的产品始终是老干妈辣椒酱,专一而持续的终端传达,有效地把老干妈辣椒酱的固定印象传递给消费者。消费者最终形成"老干妈＝辣椒酱"的印象。老干妈成为佐餐开胃菜行业的领军企业,成为消费者的首选品牌,而不是之一。

(2)老干妈的玻璃瓶型成为行业标准

在超市和百货店,许多其他辣椒酱的玻璃瓶几乎跟老干妈的一模一样,可以说,老干妈的玻璃瓶型就是整个辣椒酱行业的标准瓶型。

老干妈辣椒酱的玻璃瓶型沿用了较长时间,几乎就没改变过。主要是因为陶华碧一直坚持成本优先观念,在采用玻璃瓶时也坚持这样的观念。为了倚傍行业龙头老大老干妈,很多竞争对手也采用这种瓶型。

(3)陶华碧的头像瓶贴成为调味品包装的标准模式

在老干妈的外包装上,陶华碧的头像瓶贴极具辨识性,这种包装成为辣椒酱行业的统一模式,有的竞争者只是换一个头像。不管如何变化,始终没有摆脱对老干妈头像瓶贴包装的崇拜。

(4)豆豉＋油炸辣椒的配方成为行业的流行配方

黔地地域特征较重,豆豉＋油炸辣椒的调配佐餐方法是当地千家万户的日常吃法。

陶华碧从小为家人做饭,虽然这种做法并非是她的"独家发明",但是她发现豆豉+油炸辣椒的口感很好。在早期创业中,陶华碧根据该产品备受顾客喜爱判断,该产品具有较好的市场潜力。因此她下定决心扩大规模生产,才成就了香辣豆豉今天的国际化局面。竞争对手为了抢占市场,采取拿来主义,在生产辣椒酱产品时,也以"豆豉+油炸辣椒"为基础配料。

(5)产品香味浓郁、油多,竞争者竞相模仿

老干妈辣椒酱是遵义地区糍粑辣椒的改进版,经过多次改进,形成了以浓香、油多为突出特点,以微辣和适口咸为辅助的口味"铁三角"。

竞争者竞相模仿,几乎都以这种组合来调配口味。

老干妈之所以打败百年"永丰辣酱",原因就是精益求精

在陶华碧看来,尽管自己没文化,却拥有制作好吃辣椒酱的手艺,这是很多竞争者无法超越的。

当然,这可能与贵州重视匠人有关。在贵州,不管是石匠,还是木匠等,都会受到别人的尊敬。这些匠人大多没有多高的文化,却拥有当地较高的技艺。这样的匠人文化无疑也影响了陶华碧的经营理念。陶华碧努力开发辣椒产品,新产品层出不穷,让竞争对手羡慕嫉妒的是,老干妈所有的产品都能"一炮而红",这或许与陶华碧的创新精神有关。

第四章　精益求精

避免重蹈永丰辣酱的覆辙，陶华碧进行了技术创新

在辣椒酱领域，并不是仅有陶华碧一人觉察到辣椒酱的巨大商业价值。老干妈面市没多长时间，诸多竞争对手随后蜂拥而起。尽管老干妈最终傲视群雄，笑到了最后，不过与湖南双峰县永丰辣酱长达几个世纪的历史相比，老干妈等企业都是辣椒行业的后来者。

永丰辣酱，曾经辉煌一时，曾作为朝廷的贡品被进献给当时的咸丰皇帝，因此名声大噪，摆脱湖南双峰的地域束缚，走向更为广阔的市场。20 世纪 80 年代，永丰辣酱畅销华夏大地，包括中国香港、中国澳门、中国台湾等市场，甚至还远销日本、美国市场，达到年产 1 500 吨的产业规模。

在今天看来，1 500 吨似乎微不足道，但是在 20 世纪 80 年代的中国，这可是一个天文数字。然而，由于诸多的原因，永丰辣酱达到增长峰值后便停留在了这一水平，其后开始萎缩，最终湮没在市场中被消费者淡忘。

当永丰辣酱沉寂后，一些研究者发现，永丰辣酱这个拥有绝对优势的行业领头羊并不是被老干妈、老干爹等后来者冲垮，与其说它在惨烈的市场竞争中一次次败下阵来，不如说是在称霸市场之后战略失焦、一系列错误举措导致"自毁长城"。[①]

资料显示，永丰辣酱是湖南省双峰县永丰镇生产的，因其地名而闻名于世。永丰镇盛产灯笼辣椒，当地居民就以灯笼辣椒为

---

① 搜食网."老干妈"陶华碧的传奇故事［EB/OL］.http://www.101ko.com/?viewnews-88526.

原料,以民间制酱的传统工艺方法加工咸辣椒酱,最早的制酱传统工艺可追溯到明代。

改革开放后,中国市场经济的号角正式吹响。位于中南地区的湖南也同样觉醒,正拉开发展社会主义市场经济的序幕。1986年,国营永丰辣酱总公司成立,其下属分公司均以"永丰辣酱"品牌来推广和销售其产品。

其市场需求的旺盛超出经营者的预料。为了拓展似乎没有边界的市场,一些分公司扩大辣椒酱产能,大肆收购湖南省双峰县永丰镇以外的辣椒代替本地辣椒,任意缩短辣椒酱的加工工艺流程,甚至还掺杂面粉、豆渣等。这样的行为无疑给永丰辣酱的品牌形象造成不可挽回的巨大伤害。一些研究者痛心疾首地评论道:"具有三百年历史的永丰辣酱牌子砸在了当代人手中"。

永丰辣酱的陨落主要有两方面原因:一方面是基于品牌知名度而生的投机心理,自以为"皇帝女儿不愁嫁",忽视市场营销,根本不把消费者放在心上。另一方面,则是根深蒂固的骄纵自满情绪作怪。永丰辣酱的管理者认为,永丰辣酱之所以被评为名优产品,全因采用传统土法技艺生产,没有必要耗资引进先进工艺和机器设备,因此对科学工艺退避三舍。对于上级拨付的技术贷款,永丰辣酱三厂却用来购置锅炉、修建水池,并没有用以提高自身的生产能力和工艺水平。而陶华碧等草根创业者却将千辛万苦筹措到的有限资金,投入现代化生产线的建设当中。①

不可否认的是,老字号在经营理念、技术、产品和服务方面缺

---

① 搜食网."老干妈"陶华碧的传奇故事[EB/OL]. http://www.101ko.com/?viewnews-88526.

第四章　精益求精

少创新,不能与时俱进、随着消费水平和消费方式的变化而变化。永丰辣酱与老干妈,这则百年老字号与后起之秀的故事又一次提醒人们,商业世界中,此消彼长的巨大落差往往在一念之间就注定了,那些看似强大的行业领导者也许并没有意识到,他们风光无两时候,也正是转变即将发生的时刻。当他们终于有危机意识,一切已经来不及了。①

为了避免重蹈永丰辣酱的覆辙,陶华碧进行了技术创新。在技术创新上,陶华碧尤其重视对新产品的开发,几年时间内相继开发出风味豆豉油制辣椒、辣三丁油制辣椒、风味鸡油辣椒和风味水豆豉等10多个新产品,同时还耗资600多万元用于厂房、生产车间、机械化流水线等硬件设施建设和技术改造,成立专门的技术攻关小组,进行各项技术研究和改造。②

老干妈所有的产品都能做到"爆款",与陶华碧的创新精神有关

传统企业在转型中,由于自身的战略需要,往往积极主动地改良甚至创新其产品,以此来获得竞争优势。比如,作为辣椒酱龙头企业的老干妈就非常重视产品的改良和创新。

老干妈之所以能在短短的二十几年时间里从无到有、从小到大,发展到今天行业第一的规模,离不开陶华碧的创新精神。可以说,正是陶华碧一直坚持可持续发展战略,不断提高企业的创新能力,保证了老干妈的生产规模和加工工艺。

---

① 搜食网."老干妈"陶华碧的传奇故事[EB/OL].http://www.101ko.com/?viewnews-88526.
② 董寒雪、沸腾、费霄雨、王飞、夏扬.老干妈的营销实战[EB/OL].http://www.docin.com/p-994317118.html.

为了保持老干妈发展的可持续性,陶华碧采取产品差别化战略,从产品的质量、产品款式等方面实现与其他企业的差别。在此基础之上,实行产品专业化,不断地推进产品创新,提高产品质量,满足消费者更多的产品需求。

然而,作为一种劳动密集型的产业,老干妈与老字号企业一样面临技术创新的问题。过去传承下来的技术工艺都是师傅带徒弟的传承模式,缺乏现代技术开发体系,甚至还有不少工艺技术已经过时,有些传承下来的特有技术,也未形成现代意义上的自主知识产权,未受到应有的保护。

2005年,老干妈的订单太多,产品供不应求,竞争对手渴求的订单却一度让陶华碧困惑。

陶华碧一直依赖一大批创业初期的技师,这些技师都有着十几年的工作经验,而且配料的比例、炒制的火候、灌装的技巧等经验非常丰富。当然,要想培养一批这样的技师,需要耗费大量的时间和精力。假设继续遵循传统的手工生产模式,在短时间内是不可能实现质量和产量的双赢的,即鱼与熊掌不可能兼得。

当大批订单如雪花般飞来时,创新问题就横亘在陶华碧面前,只有迈过这道坎才能解决现代化大生产的技术问题。在这样的机遇下,陶华碧下决心把技改创新作为老干妈发展的第一战略来实施。

为了早日解决创新问题,陶华碧集中领导力量、集中技术骨干、集中专项资金,实施三次技改创新,通过自动化生产,不断地提高老干妈的生产效率、扩大优势产能,实现了质量和产量的双赢。

第四章 精益求精

2006年至2008年,陶华碧实施一期技改,集中研究出口产品半自动燃气炒锅炒制工艺,灌装半自动化,广口瓶自动清洗、消毒、烘干,以及车间和大型综合库房项目,耗资1亿元。

2009年,陶华碧又斥资2.9亿元,研究全自动化冲击工艺,完成机械化封盖、自动贴标、自动封箱、卸垛机、码垛机、自动炒制机等项目。

当前,老干妈在实施第三次技改创新——全智能化生产,而且已实施过半,老干妈的生产、管理标准化和可复制化将得以实现,未来就能像肯德基和麦当劳一样,只要有市场需求,条件允许,就能随时实现快速扩张。

老干妈的三次技改创新,提升了老干妈的竞争优势,其产能、产值节节攀升——2006年实现产值12.8亿元,一期技改完成后,2008年跃升至18.8亿元,2012年实现产值33.7亿元,三期技改完成,2020年预计将达百亿元。

纵观老干妈的发展历史,从陶华碧磨米豆腐卖的小饭摊起步,到如今的辣椒酱"巨无霸",工艺创新是其核心。

老干妈公司董事长秘书刘涛介绍,老干妈坚持以创新求发展,从技术工艺、生产流程、产品研发设计等方面不断优化和创新,现各生产流程已实现了自动化、智能化,且每年保持开发1~3个新产品,已开发出了西红柿辣椒酱、辣子鸡、糟辣鱼等近10个新产品。

第五章

"真不二价"

我最大的心愿就是：我这个企业像蛋糕一样做大、做好。创民族品牌，立千秋大业，我要做千年光彩。做事要看长远，我们要做到祖祖辈辈，目光短浅是走不到多远的。金杯银杯抵不过消费者的口碑，我从来没有打过广告，靠消费者的口碑一个传一个，有华人的地方就有我们的产品。人算不如天算，做事、做人，都要凭自己的良心，我对得起自己的良心。

——老干妈创始人　陶华碧

"真不二价"："修合无人见，存心有天知"

"真不二价!"尽管胡雪岩的这四字金律已经有百年的历史，但是仍然被很多经营者视为圭臬。

客观地讲，真不二价不仅是企业经营的圭臬，同时也是竞争的最高境界，这个朴素的价值观为没有上过学的陶华碧赢得了消费者的认可，同时也让老干妈在激烈的市场竞争中立稳脚跟。

一些凭借价格战、欺诈，纯炒概念的企业，因为没有坚持质量至上而被永久淘汰，只有那些奉行真不二价的企业，才能成为企业界的常青树。

读懂"真不二价"的经商精髓

当前，一些书评者把"为官须看《曾国藩》，为商必读《胡雪岩》"的宣传语立于各大书店的醒目处。

不可否认，胡雪岩在动荡不安的晚清乱世中能够敏锐地捕捉商业机会，长袖善舞，敢为人先，可谓是中国一个不可多得的商业天才。胡雪岩的经营理念，如"戒欺""是乃仁术""真不二价"等，也为后世所称道。

胡雪岩作为富可敌国的徽商代表，"真不二价"是其经商精髓之一，也是胡雪岩取得成功的关键，"真不二价"即货真价实，价格稳定。提及"真不二价"，可能有些读者不熟悉。其实，"真不二价"是中国的一个成语故事。据说，古代中国有一个人叫韩康，此人深谙医道，以采药、卖药为生。

第五章 "真不二价"

在当时的药市上,经常有卖药者以次充好,以假乱真,很多购买者也因此讨价还价。然而,唯独韩康的药材始终质量稳定,价格一致,不允许顾客讨价还价。

有的人就问韩康:"为什么你的药价钱不能变?"

韩康回答说:"我的药值这个价,就卖这个价,这叫'真不二价'。"

结果,患者服用了韩康销售的药后,果然病好了。于是,"真不二价"这句话便在民间传播开了。"真不二价"倒过来读就是"价二不真",同一件商品,价格若不相同,质量也就值得怀疑。压价赢得市场只是暂时的,在降低价格的同时就要降低质量,质量保证不了,必然损坏信誉,无疑是搬石头砸自己的脚。

胡雪岩认为,在与对手竞争时,不能用简单的压价策略,即价格战,只有用"采办务真,修制务精"来确保药效,才能赢得市场,于是,胡雪岩将"真不二价"匾高悬于店堂正中,告诫掌柜和伙计童叟无欺。

在当下食品安全问题突出和价格战一触即发的背景下,老干妈创始人陶华碧坚持"真不二价"的经营策略,还把这一理念发挥到了极致,赢得了消费者的认可和喜好。

当我们回顾陶华碧的创业就不难发现,"真不二价"与陶华碧的创业经历有关。1989年,陶华碧为了养家糊口,不得不另辟蹊径。于是在贵阳市南明区龙洞堡贵阳公干院的大门外侧开了一个经营凉粉和冷面的"实惠饭店"。

20多年后,当时的老主顾韩先生对"实惠饭店"这个餐馆依旧记忆犹新。他说:"说是个餐馆,其实就是她用捡来的半截砖和油毛毡、石棉瓦搭起的路边摊而已,餐厅的背墙就是公干院的围墙。"

据韩先生介绍,陶华碧经营的"实惠饭店",销售的米豆腐价低量足,自然吸引了附近几所中专学校的学生的光顾。由于贵州相对贫穷,有不少学生无钱付账,赊欠了陶华碧经营的"实惠饭店"很多饭钱。陶华碧并未因此难为这些学生,她通过了解,对家境困难的学生所欠的饭钱一律销账。韩先生回忆道:"我的印象是她只要碰上钱不够的学生,分量不仅没减反而额外多些。"

这样的创业经历让陶华碧走出了一条自己的路,筑起了一道行业壁垒,即使与实力较强的跨国公司竞争也不惧怕。

实行完全统一的价格政策

在真不二价的中国企业产品中,老干妈不是唯一的个案。比如,格力电器和谭木匠木梳。可能读者会好奇地问题,一把小小的木梳,如何撑起谭木匠庞大的连锁体系?在接受媒体采访时,谭传华给出了答案。

谭传华说道:"我们靠品牌的一致性、标准化管理模式的复制,从而淡化了经营者本身的能力。……我们的加盟商是最轻松的,他们很多人甚至说,谭木匠让我们太好玩了,只要把合同签下,按照手册规范去做,其他都全然不用操心了。"在谭传华看来,在谭木匠的管控中,全国统一价与整齐划一并举功不可没。

在很多学者、营销专家的意识中,一把小小的梳子,是无法支撑1 000多家专卖店的生存与发展的。然而,在谭木匠看来,万事皆有可能,在管控中,谭木匠采取了全国统一的价格政策与折扣模式，奠定了其领导地位。

在产品定价方面，谭传华不分区域、城市，在所有谭木匠的专卖店中，实行完全统一的价格政策——明码标价，不得浮动。

与那些相比为吸引加盟给出加盟商很大价格浮动空间的连锁企业品牌，谭传华在价格政策上没有商量的余地，可谓是铁板一块，没有丝毫弹性。

之所以有这样的政策，据谭传华介绍，他在1999年开始发展加盟时，就曾有过教训。由于考虑到东西部的经济差异，谭传华在东西部采用了不同的两个价位。为此，一些西部加盟商自己吃掉了差价，致使价格管理一度出现混乱。

为了维护品牌和加盟商的长远利益，谭传华虽然在解决该问题时遭遇了极强的阻力，最终仍以强硬的态度坚决统一了价格，实现了全国不二价的价格策略。

自此之后，谭木匠便进入了稳健、快速的成长轨道。谭传华在折扣模式上，同样采取不分区域实行全国统一折扣，给谭木匠和加盟商都留出了合理的利润空间。

对于任何一个企业的渠道而言，必须重视其利润分配，正所谓"天下熙熙皆为利来，天下攘攘皆为利往"。

在成立"股份制销售公司"时，格力电器同样考虑了这样的问题。不仅如此，为了能有效控制渠道，格力电器还作为"股份制销售公司"大股东，而且董事长必须由格力方出任。

在出货方面，格力电器以统一价格对各区域销售公司发货，所有一级经销商必须从当地销售公司进货，严禁跨区销售。格力总部给产品价格划定一条标准线，各销售公司向下批发时，结合当地实际情况"有节制地上下浮动"。① 这不仅有利于格力电器更好地管理渠道,同时也给"股份制销售公司"管理人员更大的自主权,从而提高了忠诚度和销售热情。

众所周知,在如今竞争日益激烈的中国空调市场上,"决胜终端"的意识已经植入格力电器的渠道之中,甚至有专家直言,格力电器将工业精神融入销售渠道之中,足以理解格力电器对"决胜终端"的重视。

时任格力电器新闻发言人的黄芳华在接受媒体专访时表示,格力电器取得快速增长的原动力,即是格力电器独创的营销模式。黄芳华坦言:"销售公司贯彻落实了格力电器独有的'三个代表'(代表经销商的利益、代表消费者的利益、代表厂家的利益)思想,经销商对格力电器的向心力和凝聚力强,有效避免了市场竞争的无序对格力市场的冲击。其次,格力电器规模的不断扩大、产能的扩张有效化解了原材料上涨带来的各种不利影响。"

事实证明,在家电业日趋白热化的竞争当中,格力电器之所以获得成功,就是因为格力电器这个"单打冠军"的撒手锏就是"另类"渠道。业内专家指出,格力电器不仅很好地保障了经销商和客户的利益,而且格力电器在渠道方面的优势更加优于竞争对手。

研究发现,格力电器对渠道营销的控制远超业内想象。与经销商成立销售分公司其实只是格力电器渠道营销的一部分。而家电企业乐华曾经同样全面实行过这种营销模式,但是由于乐华

---

① 李文宁.空调行业销售渠道模式解析(下)[EB/OL].2018. http://www.tonglukuaijian.com/observe/showObserve_1064.html.

处境窘困,最终被 TCL 收购。

乐华之所以失败,除了低端定位外,更重要的一个原因是,乐华对销售渠道的控制能力较弱。如乐华空调串货较为严重,经常从 A 城市迅速流入 B 城市,而且 AB 两地的价格相差甚远。

反观格力电器对每一套空调都实行"明码标记",所有销售出去的产品和库存产品全部实现电脑控制,只要查询数据库,立刻就可知道每套空调的详细情况。格力电器这样的措施有效地避免了竞相降价、串货、恶性竞争的市场混乱问题。

比如,在 1997 年,率先创建的湖北格力空调销售公司,不仅有效地规范了湖北地区格力空调的市场,保障了湖北经销商的合理利润,而且格力电器作为家电制造商也没有必要再建立独立的销售公司,节约了销售人员和分支机构的成本费用。

格力电器的湖北模式经过一段时间的实施,取得了期望的销售业绩。于是湖北模式被格力电器迅速推向中国市场。

事实证明,厂家、经销商组建的股份制销售公司的渠道模式是成功的,自 1997 年起,格力空调的销售实现了飞跃式的增长,销售额从 42 亿元、55 亿元、60 亿元,增长到 2013 年 1 200 亿元,产销量、市场占有率、利税收入等指标均在行业内领先,一举奠定了格力电器在空调行业的霸主地位。

定价也是定位:价格区间内是老干妈的,擅入者死

老干妈始终坚持薄利多销,此做法无形中筑起了一道行业壁垒,竞争对手一旦定价低于老干妈的零售价格,其利润几乎为零,

一旦定价高过老干妈的零售价，消费者通常会拒绝购买，更不可能争夺老干妈的辣椒酱市场。

老干妈的零售价格一直都较为稳定，坚守价格定位，价格涨幅微乎其微，不给对手可乘之机。在老干妈本身强势的品牌力下，竞争对手们，要么为了低价降低质量，要么放弃低端做高端，而佐餐酱市场又很难支撑高端产品。[①] 这给调味酱行业竞争者出了一个难题。

真正的价格战：稳住一个合适的价格，竞争对手根本杀不进来

企业对任何一件产品都会根据不同市场来定价。这一般与企业的销售策略和市场地位有关。在实际的市场营销中，定价策略十分关键，往往关乎企业的利润，企业经营者为产品定价是一个极其复杂的过程。

一般地，商品的价格是影响交易成败的一个重要因素，同时又是市场营销组合中最难以确定的因素。因此，企业经营者采取不同的定价方法，得到产品的基本价格，再根据具体的市场环境、产品条件、市场供求、企业目标等，灵活地运用适当的定价策略和技巧，制定最终的销售价格，以期能达到扩大销售，增加企业利润的目的。这要求企业经营者既要考虑成本的补偿，又要考虑消费者对价格的接受能力。这使得定价策略具有买卖双方双向决策的特征。

当然，老干妈的定价策略与陶华碧的创业经历有关。当年，

[①] 郝北海."老干妈"：逆营销下塑造商业传奇[N].科技日报，2015-01-13.

第五章 "真不二价"

贵阳修建环城公路,这个机遇给予陶华碧发展的机会。面对这次机遇,陶华碧近乎本能的商业智慧第一次发挥出来,她给过往的货车司机赠送辣椒酱。后来人流过多,陶华碧无法承受免费赠送,于是创建"贵阳南明陶氏风味食品店",不再销售米豆腐,改销辣椒酱。辣椒酱的热销程度远超陶华碧的预期,龙洞堡街道办事处和贵阳南明区工商局的干部开始游说陶华碧,让她放弃餐馆经营,办厂专门生产辣椒酱,但被陶华碧干脆地拒绝了。

陶华碧坚持餐馆营业的理由其实很简单:"如果小店关了,那这些穷学生到哪里去吃饭。"陶华碧也出身于穷苦家庭,自然深知穷学生的难处。时任龙洞堡街道办事处副主任的廖正林回忆当时的情景说:"每次我们谈到这个话题的时候,她都是这样说,让人根本接不下去话,而且每次都哭得一塌糊涂。"

陶华碧的辣椒酱生意很火爆,办厂的呼声也越来越高,以至于当年得到陶华碧照顾的学生都积极劝说。1996年7月,陶华碧才迈出扩大规模的脚步,借用贵阳市南明区云关村村委会的两间房子,创办了辣椒酱加工厂,牌子就叫"老干妈"。

从陶华碧的创业路径来分析,她自然不会把价格定得过高。尽管陶华碧没有学过营销学,但是她清楚地知道,价格往往决定着品牌和目标人群的定位,价格变动,不只是企业利润和销量的变化,更是品牌定位的转移,尤其是在企业具有领先市场份额的情况下,提价,往往是给对手让出价格空间。[①]

老干妈以消费者为中心,即使定位于中低端市场,也能够提供极致的客户体验。商业需要回归其本原,即企业存在的唯一目

[①] 郝北海."老干妈":逆营销下塑造商业传奇[N].科技日报,2015-01-13.

的是创造顾客。以老干妈的主打产品风味豆豉和鸡油辣椒为例，其主要规格为 210 g 和 280 g，其中 210 g 规格锁定 8 元左右价位，280 g 占据 9 元左右价位（不同终端价格有一定差别），其他主要产品根据规格不同，价格大多也集中在 7~10 元的主流消费区间。① 基于老干妈的强势品牌力，其他品牌只能选择价格避让，比如，340 g 李锦记风味豆豉酱定价在 19 元左右，175 g 小康牛肉酱定价在 8 元左右，要么定价高，要么性价比低，都难与老干妈抗衡。

占领合理价格区间的同时，还要创造极致的味蕾体验

在传统的食品行业中，生产厂家要想赢得消费者的认可，就必须给消费者创造极致的体验。在当下的"互联网＋"时代，消费者获取信息的途径发生改变，促使传统企业研究用户的心理。

传统企业可以有效地通过互联网思维来思考和了解用户的心理，其方式多种多样，如创建一个网络社区，让用户参与某款产品的研发，或者创建电商渠道平台分析用户选择何种产品。

早在 20 多年前，互联网才刚刚步入中国，其普及也不到 20 年。不过，这并不影响老干妈创始人陶华碧的产品研发和制造。1989 年，创业之初的陶华碧开了一个简陋的"实惠饭店"。

为了更好地招揽回头客，陶华碧特地制作了一种麻辣酱，作为拌凉粉专门的佐料，结果食客络绎不绝，生意十分兴隆。

有一天早晨，因长期劳累过度，陶华碧在起床后感到头晕得

---

① 郝北海."老干妈"：逆营销下塑造商业传奇[N].科技日报，2015-01-13.

第五章 "真不二价"

很厉害,就没有像往常一样去菜市场购买辣椒。

在陶华碧看来,拌凉粉的佐料有好几种,缺少麻辣酱也不会影响口味。让陶华碧没有想到的是,顾客前来吃凉粉时,发现没有特制的麻辣酱,居然都转身离开了。

陶华碧对此困惑不已:"怎么会这样?难道来我这里的顾客并不是喜欢吃凉粉,而是喜欢吃我做的麻辣酱?难道我这个小店生意兴隆,也是因为有这种麻辣酱的缘故不成?"

此次事件对陶华碧的影响很大。陶华碧敏锐地觉察到特制麻辣酱的巨大潜力。从此,陶华碧潜心研究起来。经过几年的反复试制,陶华碧制作的麻辣酱风味更加独特了,引来了许多食客,一些食客吃完凉粉后,居然又掏出钱来购买一点麻辣酱带回去,甚至有人不吃凉粉却专门来买麻辣酱。

陶华碧做的麻辣酱做多少都不够卖,与麻辣酱的火爆相比,陶华碧的凉粉生意却越来越差。陶华碧又纳闷了:"麻辣酱充其量只是一种食品佐料,这些人买这么多回去,吃得完吗?"

有一天中午,陶华碧的麻辣酱如往常一样很快地销售完后,吃凉粉的客人就一个也没有了。陶华碧于是关上店门,想出去看看别人的生意怎样。

陶华碧走了10多家卖凉粉的餐馆和食摊后,发现人家的生意都非常红火。原来这些人用来当佐料的麻辣酱都是从陶华碧那里购买来的。那时,陶华碧的肺都要气炸了。不过,任何事情都有两面性,正是这次发现,才有了老干妈的光明前途。

陶华碧在创业中,通过自己独特的产品研发,使得消费者的体验更加极致。时至今日,顾客体验被中国企业家、研究者们争论得如火如荼,在这些争论中,屡屡被提及的企业不外乎是苹果、海底捞、老干妈、茅台酒等。

可能有读者问,这到底是为什么呢?原因就是这些企业经营者都用一种追求极致到偏执的劲头在做客户体验。其他未被提及的企业,不一定就不重视客户体验,只是他们未必做到极致,或者极致得不彻底。①

金杯银杯抵不过消费者的口碑

在快消品,尤其是调味品行业,老干妈可谓是一杆大旗。跟随者们做梦都想成为老干妈,或者超越老干妈,但是又看不懂老干妈创始人口碑营销的核心优势。

在这些跟随者看来,8块钱一瓶的辣椒酱,每天能够成功销售百万瓶,一年用掉1.3万吨辣椒原料,1.7万吨大豆,2014年老干妈的销售额竟然突破40亿元,15年间老干妈的产值更是增长了74倍。可以说,老干妈谱写了中国品牌史上的一个辉煌传奇故事。

不仅如此,更传奇的还有老干妈"奇葩"的营销模式——现款现货,不做推销,不打广告,没有促销,经销商却为抢不到货而抱怨。

一般商家都是先货后款,老干妈却要求现款现货,陶华碧这样做,其底气何来?商家都是热衷明星代言,老干妈却不打广告,其中到底有何秘诀?商家与经销商经常被曝矛盾重重,老干妈却

---

① 林剑萍.偏执狂与客户体验[J].中国对外贸易,2012(10).

与经销商利益一致,陶华碧又是如何维系经销商的?……面对这一连串的疑问,陶华碧给出的答案很简单:"金杯银杯抵不过消费者的口碑。"

在很多企业家论坛上,一些企业家不是在吹嘘企业文化好才能做好企业,就是在强调企业上市才能做大做强;不是满嘴称赞西方现代企业管理模式,就是认为只有配备强大的管理团队,企业才能生存和发展;不是畅言"互联网+",就是推崇苹果产品的饥饿营销……他们从不关注产品本身,似乎认为只要照搬西方的管理模式,任何一个产品都能卖得很好。

然而,这样的管理和营销观念却被仅仅认识三个字的陶华碧给打破了。在市场营销中,陶华碧的模式简单实用——现款现货。不过她在产品本身下功夫,坚持品质取胜,信誉至上,口碑相传。

在陶华碧看来,好的口碑必须建立在产品优秀品质的基础之上,品质是口碑营销的灵魂。陶华碧这种朴素的做法是中国诸多企业创始人在经营中追求的"老字号"作风。这不仅把握了口碑营销的本质,同时也是营销的最质朴价值。

无可比拟的产品优势是口碑营销的核心

一瓶看似普通、价格不足 10 元的老干妈辣椒酱,却赢得全球华人的一致好评,一度广销世界各地。老干妈凭借口碑相传的营销方式保持 20 多年销售额连续增长,并成为登上美国奢侈品销售网站的国际品牌。① 让善于炒作概念的企业家们不解的是,在老干妈的发展和壮大历程中,陶华碧始终秉承不打广告、现款现货、深度研发的经营策略,似乎与现代企业的营销思想"格格不入"。

一个企业在产业链中的地位,往往决定该企业的话语权。老干妈在产业链上地位强势,关键还在于其拥有无可比拟的产品优势。

1994年,为了更好地发展贵阳的交通,当地政府修建环城公路,让人没有想到的是,昔日偏僻、似乎没有多大商业潜力的龙洞堡地区由于该公路的修建而热闹起来,龙洞堡成为贵阳南环线的主干道,途经此处的货车司机日渐增多起来。

一般地,货车司机的一日三餐大多数是在路边解决,途经龙洞堡的货车司机成为陶华碧所经营的"实惠饭店"的主要客源。

为了赢得这些货车司机的长期光顾,陶华碧向这些货车司机免费赠送自家制作的豆豉辣椒酱、香辣菜等小吃和调味品,深受货车司机的欢迎。

经过货车司机的口头传播,"龙洞堡老干妈辣椒"的名号在贵阳不胫而走,很多食客为了尝一尝陶华碧加工的辣椒酱,甚至专程从贵阳市区开车来到位于公干院大门外的"实惠饭店",购买辣椒酱之后再返回市区。

对于这些慕名而来的消费者,陶华碧刚开始都是半卖半送,渐渐地,光顾的消费者实在太多了,陶华碧觉察到已经"送不起了"。于是,她在1994年11月把"实惠饭店"更名为"贵阳南明陶

---

① 张平.老干妈拒绝上市让谁汗颜[N].城市导报,2014-04-15.

氏风味食品店",不再销售米豆腐和凉粉,转而销售辣椒酱系列产品。尽管陶华碧调整了销售产品的结构,但是小店的辣椒酱依旧供不应求。

在这样的背景下,陶华碧开始扩大生产规模。不过,陶华碧的做法较为保守,在确保质量的前提下,稳健地扩大辣椒酱的生产规模。正是在这种近乎苛刻的匠人精神的自律下,陶华碧经营的辣椒酱的口碑越来越好。可以说,其无可比拟的产品优势是口碑营销的核心,也是口碑营销的基础。

过硬的品质才能赢得好口碑

众所周知,口碑的概念源于传播学,被很多商家广泛地应用于市场营销之中,因此有了口碑营销。传统的口碑营销是指,通过朋友、亲戚间的相互交流将自己购买的产品和服务体验的信息或者品牌像病毒一样传播开来。

从口碑营销的含义不难看出,口碑营销的可信度较高,因为口碑传播发生在朋友、亲戚、同事、同学等关系较为密切的群体之间,在传播产品和服务体验的信息或者品牌之前,彼此已经建立了一种长期稳定的关系,传播效果更为明显。

与纯粹的广告、促销、公关、商家推荐等相比,口碑营销的可信度要高得多,影响也更大。因此,要想赢得口碑营销,产品必须拥有过硬的品质,仅仅靠炒作是无法获得好口碑的。

在中国企业界,很多所谓的营销高手总是在策划一些新闻事件,试图引起网友的关注达到传播的目的。在他们看来,只要有传播,就能获得较好的口碑,甚至有人以为只要做了口碑营销就能为自己的产品创造出良好的口碑。

  其实,这样的做法是有失偏颇的。究其原因,较好口碑的形成,最为关键的是确保产品的高质量,一旦产品质量低劣,用户的体验自然很差,良好的口碑也就无从谈起。

  在老干妈的口碑营销上,陶华碧始终坚持产品的品质,把品质做到了极致。因此,过硬的产品品质才是形成好口碑的坚实基础,也是口碑营销的关键点。

第六章

拒绝广告

我的辣椒调料都是100％的真料,每一个辣椒,每一块牛肉都是指定供货商提供的,绝对没有一丝杂质。

——老干妈创始人　陶华碧

品质第一，让消费者口碑传播，减少了广告这一促销环节

风云际会的"互联网＋"时代，渠道、终端、品牌、互联网思维，成为热词，被人们大谈特谈。老干妈却回归营销的原点，致力于产品研发生产，把品质做到极致。

可以说，老干妈辣椒酱的成功绝对称得上另类——无广告、无欠账、无融资，且在当下如此激烈的市场竞争中，依然能够独占鳌头，这让热衷营销策划的大师们汗颜。陶华碧创造的这个营销奇迹是建立在几乎没有广告，完全凭借老百姓的口碑宣传的基础上的。在陶华碧看来，老百姓的口碑宣传就是最好的广告。

在建厂之前，陶华碧就坚定了完全依靠口碑营销的原则，当时很多消费者正是通过传闻而专程坐车赶来购买辣椒酱的。尽管老干妈的规模做大了，但是陶华碧的宣传理念仍然没有变化，在陶华碧的意识中，好的产品才能赢得消费者的口碑，而口碑才是最好的宣传之道。

老干妈如今的产品类型与初创时基本保持一致，老干妈主打的明星产品依然是风味豆豉油制辣椒，从第一款产品出厂至今，其口味及品质几乎未曾改变过。

在食品行业，老干妈的成功绝对不是偶然的。把保持产品的口味与质量作为经营的重中之重，这才使得老干妈脱颖而出。

（1）老干妈的口味简单而又丰富

风味豆豉油制辣椒作为老干妈销量冠军产品，已经热销多

年,至今没有竞争产品能够与其抗衡。主要原因是,豆豉是一种发酵产品,其口味复杂,属于典型的复合口味,只要能做得恰到好处,其丰富的口感会留在消费者味蕾的"记忆"中。因此老干妈辣椒酱被广泛地应用在餐饮业的菜肴中。其他调味品企业,不是不想跟风老干妈做辣椒酱,而是达不到老干妈对豆豉产品口感的把握程度。

食品行业之争,其实质就是口味的竞争,老干妈创始人陶华碧经过多次试验,正好平衡了辣和香,让大多数食客更容易接受自家的辣椒酱,甚至让很多食客只要隔一段时间不食用老干妈辣椒酱,就惦记其口味。

(2)产品是"1",其他都是"0"

对于任何一个企业来说,产品质量永远是其发展的基石。老干妈产品销售了20多年,无论顾客什么时候购买,在哪里购买,其味道都始终如一。如此高度稳定的产品品质建构起一道壁垒,形成了一般企业难以企及的核心竞争力。在国外,老干妈被视为顶级奢侈品调味料,这无疑与其考究、始终如一的高品质是密不可分的。对于老干妈来讲,产品是"1",营销都是"0",没有前面的"1",后面的"0"都是扯淡。

在中国改革开放40年的时间里,我们见过太多变着花样做"0",却没有把"1"立住的人,这就是他们没能将企业基业长青的一个重要原因。陶华碧说过:"金杯银杯抵不过消费者的口碑,我从来没有打过广告,靠消费者的口碑一个传一个。"

第六章 拒绝广告

3%左右的退货率让老干妈没有打广告的强烈意愿

当下,产品只有质量过硬才能够赢得消费者。在产品质量的把控上,陶华碧是非常自信的。老干妈的做法不同于许多同品类厂家:第一,不接受经销商的退货;第二,现款现货。经销商林先生坦言,经销商收到的超市退货很少是因为质量,大多是因为"并不影响产品质量的包装漏油"。老干妈的退货率相比其他品牌也不高,"就3%左右。"林先生坦言,公司不接受退货的政策对经销商的影响也不大,因为老干妈的销量一直很好,"压货的情况很少"。

从林先生的叙述中不难看出,正是因为陶华碧坚持品质第一,让消费者口碑传播,从而减少了广告这一促销环节。老干妈几乎不在营销推广上有所投入,这主要与陶华碧的经营策略有关。

林先生回忆称,他所在的贸易公司成为老干妈广东地区的经销商时,正是老干妈的起步时期。老干妈要求经销商只靠口碑营销,然而,急于占领市场的地方经销商会根据自己的经销步骤,在当地制作一些广告并想办法投放,不过,这些都是经销商自费来做。

但时间一长,像林先生一样的经销商逐步放弃了广告推广,不仅因为这样做增加经销成本,更因为老干妈凭借口碑就能获得销量的爆炸式增长。林先生介绍说:"1998年到2004年,感觉就像突然发酵了一样,销量猛增。"

尽管老干妈一两年才进行一次产品更新,但是这样的成绩显出老干妈强大的产品威力。位居老干妈辣椒酱销量前三的产品,常年不变。林先生认为,"公司对于推出新品是很谨慎的,其他品牌不断推出新产品抢占市场的方式,对于老干妈来说没必要"。

老干妈从不打广告,为什么火遍世界

很多企业家认为,天下之大,唯独不能缺少广告宣传。然而,陶华碧就偏偏不信这一套西方营销理论,硬是把产品推广到华夏大地。

我发现,无论在电视、广播,还是报刊上,几乎都没有老干妈的广告。这引起了我的好奇,老干妈凭借什么畅销海内外华人圈?

在中国,老干妈的畅销并不出人意料,但是能够赢得海外华人的认可,就必有其核心秘诀。

消费者最关心的还是商品本身。任何商品或服务都满足消费者的某些需求。一切的营销手段及方法不过是提供了一个让商品到达消费者手里的渠道而已,消费者购买商品是希望使用商品的某些功能或者服务的体验。

很多百年老店拥有精湛的工艺和过硬的产品品质,尽管形成的口碑传播范围很小,却能够持续和持久,消费者对其忠诚度较高。同样,陶华碧清楚地知道,要想把辣椒酱做下去,产品的品质是必须把关的一道门槛,这不仅可以赢得消费者的忠诚度和黏合度,同时还可以建立一道行业壁垒,使其他企业无法进入,即使进入辣椒酱行业,其消费者的黏合度也不大。

在原材料成本和劳工成本节节攀升时,陶华碧依然坚持不偷工减料、以次充好,用料和工艺必须保证品质。正是陶华碧这种打造百年老店的做法,让老干妈辣椒酱具备特质。

让消费者购买放心,吃得放心,这才是老干妈赢得口碑传播的关键所在。

3%左右的退货率让老干妈没有打广告的强烈意愿

可能有读者认为,在"互联网+"时代,企业不打广告,其实是秉持"酒香不怕巷子深"观念,这种观念已经不合时宜了,然而,陶华碧却用口碑营销让老干妈产品走进了老百姓的生活,摆上大家的餐桌,远销海外,做到了"有华人的地方,就有老干妈"。

消费者的口头传播显然是最直接、最真实的广告形式。在短短时间内,好的东西、好的味道在消费者的推荐、传播中走出贵阳,走向全国,迈向全世界。陶华碧把不做广告节省下来的资金用于保持新产品质量以及打假上。老干妈产品包装被外界称"土",对于这个"土",陶华碧有自己的看法:包装便宜,那就意味着消费者花钱买到的实惠更多,省下来的可都是真材实料的辣椒酱,寻常百姓居家过日子,就是图个实惠,又不拿辣椒酱去送礼,自家吃只要质量好、味道好就行了。

在谈食品安全色变的今天,陶华碧坚守品质,坚守用良心做产品、用良心做企业,专心做老百姓喜欢和熟悉的味道,这是她秉承的信念和企业文化。不打广告,不偷税漏税,只踏踏实实地做质量让人放心、味道让人喜欢的辣椒酱,陶华碧也做得那么出色,这值得我国许多读过MBA的企业管理者和有着雄心壮志的企业家学习。老干妈的成功其实很简单,但其实也很不简单。

企业经营者不能把营销等同于推广和广告,深层次的营销是不一定要做很大力度的推广,以整合之力达到市场目标才是关键。

投放广告的最终目的就是占领市场

20世纪90年代,中国数以万计的策划大师和广告大师在转型期得到登场的机会,尽情地施展才华,在这个舞台上,不胜枚举的企业家们扬名天下。老干妈创始人陶华碧始终不为所动,默默无闻地按照自己的策略耕耘着。

20世纪90年代以来,中国很多企业家都热衷于重营销、轻产品的模式,特别是倚重投放广告来传播产品的核心价值。众所周知,广告的传播是单向的,在电视台或者杂志等平台做广告,能达到广而告之的效果。很多企业家不惜血本也要在电视台投放广告,甚至在中央电视台死拼标王。成为标王之后,让广告席卷中华大地,有的一举成为中国知名品牌,有的则经过高速发展之后迅速陨落。比如秦池。

"谁是秦池?"

1995年的秋天,原秦池集团经营厂长姬长孔励精图治之后,秦池酒厂的销售额已经超过1亿元,甚至在北方白酒市场攻城略地,小有名气,秦池的发展非常迅猛而稳健。有一天姬长孔熟悉的朋友给他打电话问他去不去梅地亚中心。正是这个电话改变了秦池的发展轨迹。

1995年11月8日,姬长孔第一次出现在梅地亚中心,参加中央电视台的广告招标大会。

当唱标结束时,山东秦池酒厂以6 666万元竞得标王,高出第2位将近300万元。

不可否认,广告在一定阶段能够提升企业的销售业绩。获得标王后秦池得到了中央电视台的巨大造势回报,迅速成为中国白酒市场上最为显赫的新贵品牌之一。1996年,秦池对外通报的数据显示,当年度企业实现销售收入9.5亿元,利税2.2亿元,分别为上年的5倍、6倍。

1996年11月8日,秦池酒厂以3.2121118亿元的投标金额再次赢得标王,这一刻,姬长孔肯定终生难忘。然而,犹如节日里一道迷人的冲天焰火,在陡然而起的万丈光芒之后,不可避免的是骤然坠地的永恒消逝。

秦池试图以每天广告狂轰滥炸的形式给中国消费者洗脑,尽管在一夜之间把品牌知名度提升了,却因为过度倚重广告而"创业未半而中道崩殂"。当然,20世纪90年代,企业家热衷于广告有其特定的历史性,由于获得信息的渠道有限,消费者对品牌和产品的认知更多地源自广告,如"娃哈哈,我要喝""果肉果冻喜之郎""人类失去联想,世界将会怎样""真诚到永远""科技以人为本"。

在当下的"互联网+"时代,由于消费者获得品牌和产品信息非常容易,需求的个性化也更强,厂家单向的广告灌输模式已经没有多大效果,消费者更看重的是用户的评价。比如在当当网上购物,大多数购买者会浏览产品的差评,一旦差评涉及产品性能,购买者就会放弃购买。因此,在"互联网+"时代,口碑营销比广告更为直接和有效。

公路就是渠道,全国各地老司机为老干妈"带路"

回到 20 世纪 90 年代,老干妈的业绩年年攀升。当然,老干妈的业绩离不开口碑营销,可以说,老干妈是口碑营销的受益者,也是口碑营销案例的典范。

老干妈产品不用打广告,也从来不做广告,产品的营销对于陶华碧而言都不是问题。究其原因,老干妈辣椒酱产品因品质被食客们广为称赞。

众所周知,企业做广告的目的在于影响消费者的心智而占领市场。广告语言简单明快,广告语如果能够唤起消费者共鸣,则往往能够促进某个品牌成为名牌。广告只不过是一种传播手段,有的企业通过产品本身也能达到这样的效果,比如老干妈。老干妈看似没有做过什么广告,也没有让明星为其代言,但是老干妈的产品早已深入消费者内心。

1994 年,陶华碧向司机免费赠送自家制作的豆豉辣椒酱、香辣菜等小吃和调味品,大受欢迎。货车司机们的口头传播让"龙洞堡老干妈辣椒酱"的名号在贵阳不胫而走,很多人甚至为了尝一尝她的辣椒酱,专程从市区开车来"实惠饭店"购买。

在当时传播条件限制下,老干妈不做推广依靠口碑逐步积累,并未使其丧失市场先机,经过时间酝酿,成就了惊人的市场爆发。不过,世易时移,面对当前的传播大爆发形势,企业不可盲目复制无传播的营销做法。

第七章

稳步发展

政府很早以前就提出要扶持,我不要,我有多大本事就做多大的事,踏踏实实做,不欠别人一分钱,这样才能持久。

——老干妈创始人　陶华碧

第七章　稳步发展

"和代理商、供货商之间也互不欠账，我不欠你的，你也别欠我的，我用我的质量保证我的市场。"

经商在中国可谓历史悠久，历代经商者有自己的经营之道。一些经营者会用现款现货这个"原始"的、最为朴实的财务理念，进行企业的经营。

在崇尚西方管理制度的今天，可能有人认为现款现货已经落后，但是实用的，未必就是落后的。没有进过一天学堂的陶华碧深知现款现货这个道理。无论是收购农民的辣椒，还是把老干妈辣椒酱销售给经销商，陶华碧都坚持现款现货。

"我从不欠别人一分钱，别人也不能欠我一分钱"

20多年来，陶华碧从没改变过规则：一手交钱，一手交货。在这一点上，陶华碧绝不会让步："我从不欠别人一分钱，别人也不能欠我一分钱。"即使在老干妈刚刚起步资金困难时，陶华碧也是如此。

贵阳第二玻璃厂厂长毛礼伟回忆说："当时她给我打了个电话，说要一万个瓶子，现款现货，我真有些不敢相信。"就是这样，20多年来老干妈企业没有应收账款和应付账款。

陶华碧的经营思想源于当初的创业经历，陶华碧第一次购买装辣椒酱的玻璃瓶，只要几十元，自然是用现金购买。然而，如今陶华碧采购辣椒金额可能超过千万元，其用现金购买的思维也没变。把老干妈辣椒酱批发给经销商时，陶华碧始终坚持现款现货。如今的老干妈，没有库存，也没有应收账款和应付账款，只有高达十几亿元的现金流。

"经销老干妈十几年，眼看其他品牌的起落，只有老干妈一枝独秀。即使是现款现货，代理授权也很难拿。"

在一些媒体报道中，可以看见部分企业老板因为现金流断裂而自杀。以这样悲壮的举动来告别自己曾经经营的陷入危机重重的企业，实在是令人叹息。在实际中，企业如果实在经营不下去，通常有两个方法：第一，卷款跑路；第二，按照公司法，依照程序申请破产。

曾经被誉为制造业之都的温州和东莞，这样的自杀事件屡屡发生。曾经是改革开放中的两个标杆，如今却陷入困境，这到底出了什么问题呢？

这些企业因为应收账款过多，又无法融到资金，使得企业的经营举步维艰，甚至出现现金流断裂。

客观地讲，在中国很多企业中，应收账款过多是一个常见的顽疾，即使是长虹这样的大型企业，也因为出现呆账，结果经营一度陷入困境。当然，这样的顽疾与企业的决策者有关，一些制造企业为了拓展自己的渠道，或者尽可能地抢占市场份额，不考虑应收账款存在的风险，盲目地发货给经销商。

殊不知，这样的做法对制造企业来说，可谓是一把双刃剑，一旦应收账款无法收回，必然造成无米下炊的境地。这样的做法是不值得提倡的。史玉柱在很多年后回忆说：

第七章 稳步发展

巨人在高峰的时候,有 3 个亿的烂账,其中有 2 亿是因为管理不善而烂的,有 1 亿是因为意外的。

那为什么会烂?因为我们是赊销的。所以在低谷的时候我们就要求所有的产品现款现结,你不做就不做,但是我就是现款现结。开始很难,大家都说做不到,但是咬咬牙撑过来了,最后也就做到了,所以现在和我们做生意的公司全部都是现款现结。

当然我们也不欠别人的钱,所有的供应商的款,我们也给你现款现结,广告费我们也跟你现款现结,就是我们也给你付出去,但是我们不欠别人的,别人也别欠我的。

实际上这样一旦进入良性循环,大家知道你这个企业就是这个行为,想和我做生意,就是这样的,慢慢被认可了,也就做到了。所以脑白金累计几十亿的销售额,但是没有一分钱烂账。

再看老干妈,陶华碧敢于现款现货,甚至不贷款、不融资,其底气源于老干妈十几亿元的现金流。处于传统制造业,老干妈坚持现金为王、现货现款原则,绝不玩提前确认收入、赊销那一套,其增长都是真金白银实打实的增长。与其财务原则对应,是其不上市、不贷款、不融资和现款现货的经营原则,固执到近乎偏执的理念,一分钱一分货,没有大经销商拥有特权。[①]

现款现货策略,让老干妈拥有巨额的现金流。这无疑提升了老干妈的省级代理门槛。"要给总公司一两千万元的保证金,证

---

① 叶檀.华为和老干妈坚持不上市为何赢得掌声[N].每日经济新闻,2014-05-09.

明你有这个实力做代理。"林先生说,"仅广东地区,每年的销售额都能达到 3 亿～5 亿元。"据他介绍,即使是销售额占全国十分之一的代理经销商仍然没有争取到账期的"特权"。

业内专家对此分析认为,由于老干妈不存在同业竞争者,加上产品品质稳定,所以能够做到现款现货。这一点也得到林先生的认同。林先生说:"经销老干妈十几年,眼看其他品牌的起落,只有老干妈一枝独秀。即使是现款现货,代理授权也很难拿。"

> "我们有多大的本事,就做多大的事,
> 实实在在来做,这样子比较长长久久。"

在中国企业界,拔苗助长的案例屡见不鲜,有的企业甚至还搞起"大跃进",最终因为缺乏相应的人才、资金而戛然而止。客观地讲,中国成千上万的企业并非是死于竞争,而是死于企业经营者的浮躁情绪。

在老干妈的发展过程中,陶华碧始终坚持"有多少钱就做多少事"的原则,实施稳健的企业发展战略,有效地保证老干妈的持续经营和基业长青。陶华碧也给自己筑起了一道安全的防火墙——踏实经营,不偷税,不贷款,不欠钱,不控股,不上市。如陶华碧所言:"我们有多大的本事,就做多大的事,实实在在来做,这样子比较长长久久。"

第七章 稳步发展

"政府很早以前就提出要扶持,我不要,我有多大本事就做多大的事,踏踏实实做,不欠别人一分钱,这样才能持久。"

在很多企业家论坛上,一些所谓的专家们鼓吹用资本运作和高负债来做大企业的规模。当陶华碧"我从不欠别人一分钱,别人也不能欠我一分钱"的观点被媒体披露后,余胜良曾撰文称:"不借贷当然没压力,但这并不值得学习和倡导。经济运行的核心是金融业,金融业起到资源配置作用,将社会闲余资金积累起来,投向能赚钱的行业。借贷可以集中力量办大事,也可以让资金更有效率。"

在余胜良看来,每一个企业都应尽可能借助银行贷款来集中力量办大事。但是这并不是放之四海而皆准的。陶华碧在创业20多年中,深知贷款的积极作用和负面影响。

为了解开陶华碧不贷款的谜底,凤凰网资讯采访了陶华碧,问她:"您经营企业还有一个原则,不贷款。这是为什么?"

陶华碧是这样回答的:"我没有跟国家贷过款,贴息贷款我都不要。去贷款,都没得压力,就没得动力。自己去做,你晓得压力压在自己肩膀上,晓得努力去奋斗。"

陶华碧介绍:"政府很早以前就提出要扶持,我不要,我有多大本事就做多大的事,踏踏实实做,不欠别人一分钱,这样才能持久。"

陶华碧坚持不贷款的理由是,"我不欠政府一分钱,不欠员工一分钱,拖欠一分钱我都睡不着觉。和代理商、供货商之间也互不欠账,我不欠你的,你也别欠我的,我用我的质量保证我的市场。"

陶华碧认为,不借贷,只凭借自身的积累,以较慢的速度稳健发展,即使错失一些机会,总比因为银行贷款而倒闭要强得多。

在中国,经常有企业家在公开场合宣称,3年就可以国际化,甚至还宣称5年就可以做中国的世界500强企业,似乎企业国际化已经到了水到渠成的地步。尽管理想很丰满,现实却很骨感,很多企业家因此而走上不归路。

企业在国际化的征途中,不仅需要国际化的管理,更需要国际化的人才和国际化的视野。很多中国企业家往往一时兴起,结果栽倒在国际化的路上。

在陶华碧看来,老干妈成为世界500强,或者是她成为"中国的比尔·盖茨",似乎过于遥远。陶华碧坚信,"有多大的本事,就做多大的事",正是有了这样的思维,她才把老干妈做成辣椒酱行业的隐形冠军。

陶华碧在企业经营中,始终坚持稳健的发展策略,给自己筑起了一道拒绝盲目冒进的防火墙。

正是这样一道防火墙,让老干妈取得不错的业绩。2013年,陶华碧现身贵州省两会现场,引起热烈追捧。陶华碧表示2012年老干妈产值33.7亿元、纳税4.3亿元,而2004年产值只有8亿元,也就是说在8年的时间里,企业的产值翻了两番。[①]

这样的业绩不仅赢得了中国企业家们的认可,也为贵州创造了一个商业传奇。很多读者不知的是,区区几元钱的辣椒酱竟然与贵州茅台酒齐名。可能读者更不知的是,老干妈的创始人陶华

---

① 刘子阳."老干妈"是怎样炼成的[N].法治周末,2013-02-19.

碧竟然是一个没背景、没资金、没文化的普通女人。20多年来,陶华碧把一家路边小吃店变成了如今贵州省的龙头企业。[①]

老干妈的规模扩张一向坚持稳健发展,绝不冒进

老干妈在规模扩张中,一向坚持稳健发展,绝不冒进,这主要是因为,深知创业成功来之不易的陶华碧在选择发展路径时,自然要慎重很多。陶华碧坚持,即使老干妈发展到一定的规模,也拒绝急功近利的投资行为。但是遗憾的是,在中国企业的倒闭潮中,很多企业创始人在取得一点成绩之后就开始"大干起来",其失败也是情理之中的事情。

反观老干妈的发展之路,陶华碧第一次扩大经营规模,是用捡来的半截砖和油毛毡、石棉瓦,在一夜之间搭起了能摆下两张小桌的"实惠饭店"。

陶华碧第二次经营扩张,是每天白天开饭店,晚上在店里用玻璃瓶包装豆豉辣椒,一直忙到凌晨4点,"手都装得扯鸡爪疯"。睡两个小时,6点又起床开门营业。

陶华碧第三次经营扩张,是在1996年7月,借南明区云关村委会的两间房子,办起了食品加工厂,专门生产辣椒调味品,定名为"老干妈麻辣酱"。

陶华碧第四次经营扩张,是在2001年,为了进一步扩大生产规模,再建一处厂房。陶华碧的每一次扩张,都较为稳健,没有盲目冒进,在投资新项目时会全面考察,尽可能做到稳中求胜。陶

---

① 刘子阳."老干妈"是怎样炼成的[N].法治周末,2013-02-19.

华碧给企业家的启示是，企业上新项目容易，但是上新项目后"避险"就非常艰难了，特别是很多新项目并非坦途一片，在新项目的决策制定、实施以及上新项目后的管理中，稍有不慎，便可能埋下种种风险，致使企业陷入进退两难的泥潭。因此，在扩大规模时必须高度警惕可能存在的风险，加强防范，有效规避，确保达到扩张的预期目的。

按照老干妈的实际情况，稳步发展，绝不能盲目扩大规模

当陶华碧制作的辣椒酱得到消费者的认可后，陶华碧进行了第二次经营扩张。让陶华碧最担心的是，办厂就意味着要扩大规模，尽管办厂之初的产量很低，可是当地凉粉摊的需求却有限，消化不了扩大的产能，多余的产能就不得不依靠自己去推销消化。

为了打开市场，陶华碧亲自背着麻辣酱，送到各食品商店和各单位食堂进行试销。让陶华碧欣喜的是，这种试销的效果真不错，一周之后，试销的经销商们纷纷打来电话要求添加辣椒酱的数量，有的让陶华碧加倍送货；陶华碧按照经销商的要求，加倍地把辣椒酱送到经销商处，结果很快又脱销了……

辣椒酱市场被陶华碧迅速打开，尽管有一些挫折，但是陶华碧却深感意外，也让陶华碧因此吃了一颗定心丸。

1997年6月，经过陶华碧的多番努力，"老干妈麻辣酱"得到贵阳当地市场的检验，稳稳地站住了脚。当"老干妈麻辣酱"供不应求时，摆在陶华碧面前的问题不得不面对——扩大规模。为了能够保证"老干妈麻辣酱"的销售，陶华碧坚持"有多大能力做多少事情"的经营策略，开始扩展老干妈的经营规模。于是，创办

"老干妈麻辣酱"的加工工厂就势在必行。

可能有读者认为,扩大规模没那么复杂。理由是,很多欧美国家的企业家都偏好规模制胜。不可否认,规模战略在某一个阶段对于企业的发展是有利的,但是如果放之四海而皆准,那么老干妈这个企业就不会存活到今天。从企业内部来说,盲目扩大规模,企业容易陷入追求数量而忽视质量的误区,低水平重复建设,效率低下。而且,基础不稳固的高速度发展是无法持久的,如果企业扩大规模超出了自身的管控能力,肯定会出大娄子。甚至,表面上规模很大,实际资产质量却很差,面临种种潜在风险。

在陶华碧看来,一旦盲目扩大规模,必然会犯很多错误,自然就会导致老干妈遭遇重大经营困难,致使危机重重。

许多企业在初创阶段发展都非常迅速,而且也都非常稳健,但是,一旦企业发展到了一定规模之后,老板就常常开始急于求成。此刻,企业老板的表现如下:不听股东、中层经理等人的谏言;自以为是、好大喜功、盲目冒进……直到最后亲手把自己辛辛苦苦打拼起来的企业给葬送。为了避免来之不易的企业垮掉,陶华碧定下规矩,"有多大能力做多少事情",坚持"不贷款、不融资、不上市"的企业战略。

第八章

绝对控股

我教育儿子,就好生生做人,好生生经商。千万千万不要入股、控股、上市、贷款,这四样要保证,保证子子孙孙做下去。

——老干妈创始人　陶华碧

> "截止到今天，我还是没有借过一分钱。"

多年来，与老干妈有关的报道，都离不开"不偷税""不贷款""不欠钱""不上市""有多大本事就做多大事"等信息。

如今，时过境迁，陶华碧的原则和底线有没有被打破呢？陶华碧坦言："截止到今天，我还是没有借过一分钱。"

陶华碧在回答该问题时铿锵有力，底气十足。客观地讲，陶华碧的"三不"原则——"不贷款、不融资、不上市"，有自身的战略合理性，这样一来，创始人可以避免在融资的过程中失去对公司的控制权。很多创始人被赶出自己所创建的企业，例如，我们所熟悉的苹果创始人史蒂夫·乔布斯。

"不贷款、不融资、不上市"战略符合老干妈的长远发展

我多次在总裁班课堂上告诫企业家，不管是引入风险投资，还是为了借到解决企业燃眉之急的资金，都不能失去对家族企业的控制权。尤其是家族创业企业在引入风险投资时，面对众多机构伸出的橄榄枝，必须克制和冷静。对此，阿里巴巴创始人马云告诫家族企业创始人："不能在资本层面稀释掉对于公司的控制权，尤其是在创业成败的关键期。"

马云介绍了自己的创业经历：

> 在中国黄页的时候，我在寻找投资者的时候，我犯了一个错误。我们当年跟中国电信在浙江的分公司的一家企业

第八章 绝对控股

发生了竞争,他的注册资本是 2.4 亿元人民币,我的中国黄页的注册资本是 5 万块钱人民币,我们竞争得非常的惨烈。他是国企,我那时候叫个体户,个体户玩高科技,在 1995 年的时候客户一听肯定就不行,所以我们几乎很难竞争,但是我想我们的竞争还是蛮成功的。我明白一点:大象很难踩死蚂蚁的,你只要躲得好。以后在发展企业过程中,碰上对手非常强大的时候没有什么可怕的,因为我从 5 万元抵抗中知道了躲得好。他也搞不死我,我也不搞死他,后来我们坐下来谈,我们成立合资企业。谈判的时候他说他赚 70%,我们赚 30%。他投 140 万元人民币,当时脑袋一拍就干了,最后在董事会里面他是 5 票,我们是 2 票。1995 年年底我们成立了合资企业,然后灾难就来了,因为双方的目的不一样:我是觉得有 140 万人民币我就可以大干了,他觉得他出 140 万元就可以把我灭了。最后发现我们每次开董事会我提出的任何想法他们一个人举手、5 个人同时举手,我们五六次董事会没有一个东西通过。从那时候开始我有一个坚定的信念:今后我再创办公司的时候永远不会去控股一家公司,让被我控股的人感到痛苦。如果一个企业家被资本控制的时候你就没有希望了,资本是为你服务的,你不能为资本服务。现在我能够把钱变成更多的钱,你能够找到很好的项目,所以双方之间是平等的。资本是更好的工具,但是不能为工具丢掉了你第一天想做的事情。

马云的观点很有代表性。要想把家族企业打造成为一个百年老店,就必须掌控家族企业的控制权。因此,作为创业者面对外界资金的注入,必须要能克制金钱的诱惑。

可能读者认为这样的观点不利于吸引风险投资,但是这样的观点才能保证家族企业稳健地发展。不信,我们就来回顾一下国内的几个真实案例:

2001年6月初,中国第一代门户网站之一的新浪网创始人王志东就因为在引入风险投资后离开自己辛苦做大的新浪网,同时也辞去新浪网首席执行官(CEO)、总裁、董事等职位。

这一事件在2001年的中国企业界引起巨大的反省思潮。当然,王志东因为控制权而黯然离开新浪并不是个案。

其实,还有很多案例,只不过没有被媒体大规模报道而已。而在王志东因控制权被迫离开创业企业之前,中国就已经有一些创业公司在引入风险投资后,其创始人由于种种原因先后离开自己含辛茹苦做大的创业公司,比如,瀛海威创始人张树新、中公网创始人谢文、Chinaren创始人陈一舟、8848创始人王峻涛、美商网创始人童家威等。

当然,还有一些创业企业在融资后不久,风险投资人强势地引入职业经理人,而可能创始人只能从企业一把手职位上撤下来,如一些技术出身的创始人转向主要负责技术开发,而不负责公司的总体发展和日常管理等。

殊不知,当风险投资进入后,在职业经理人的带领下,创业企业曾经可行的诸多战略也可能因此而放弃,从而过早地导致创业企业的死亡。因此,要想让家族企业稳健地发展,创始人对家族企业的控制权就不能旁落。然而,遗憾的是,创始人被风险投资赶出创业企业的故事仍在发生。

从这种角度来讲,陶华碧的"不贷款、不融资、不上市"战略符合老干妈的长远发展。在陶华碧看来,稳健发展和家族绝对控制是保证老干妈成为百年老店的两个着力点。因此,老干妈的股权结构也就相对简单。

股权安全系数在 70%到 90%之间

尽管中国家族企业的管理形态各异,但是从原始阶段发展到现代企业管理制度阶段,一般有以下三种形态:

(1)完全家族管理形态。这主要出现在家族企业创业初期,特别是在小企业中,非常典型的是家庭作坊、夫妻店。具体表现为:所有岗位全部由家族成员担任。

(2)家族控制下的专业人士管理形态。这种形态大多出现在企业成长期,特别是中型家族企业中,这类家族企业的发展势头通常都非常好。该形态代表了中国数万家中国家族企业的管理形态。一般地,这类家族企业的销售收入从几百万元到几亿元,甚至几十亿元。具体表现为:董事长、总经理等关键岗位由家族成员担任,而其他如财务、技术、生产等岗位则由专业人士担任。

(3)家族控股下的现代企业管理形态。这种形态大多出现在企业成熟期,特别是大型家族控股的上市公司中,如希望集团、万向集团等等。这类家族企业股份都集中在家族主要成员手中,并且家族成员的股份处于绝对控股状态下(不处于绝对控股状态下的企业不应被视为家族企业,而是公众企业)。具体表现为:大多数关键性岗位都由专业经营管理专家,即高级管理人员来担任,而家族外的企业成员参与企业的决策和战略制定等事务。

事实上,家族企业要做强做大和永续经营,家族就必须对企业实现绝对控制,否则,一旦控制权旁落,那么家族企业的未来就值得担忧。

此观点得到了中国改革开放后第一代家族企业的代表——方太集团董事长茅理翔的高度认可。他在接受媒体采访时语出惊人:"在中国的家族企业中,家族必须绝对控股,家族企业的股权安全系数在70%到90%之间。说到河南的家族企业,我认为,河南的家族企业不少也是家族投资、家族经营的,但大部分企业已把自己的股权稀释出去,变成股份公司。因此,纯家族企业不如浙江多。从长远来看,家族企业稀释股权应该是一个方向。当然,不是无限稀释,如果你不是世界500强企业,就不要相对控股,而要保持51%的绝对控股权。为什么要稀释股权呢?这就要说到企业的薪酬机制,职业经理人往往不满足于固定的工资或资金,而有分得股权的要求。不稀释股权就不易激发他们的工作热情并留住他们,防止因他们跳槽而给企业带来损失。给他们股权,等于给其戴上了金手铐。管理是解不开的结,解完了一个,又要解下一个。作为企业家,要不断地充电和提升自己,才能把企业带向更好的未来。"

在公开场合下,茅理翔告诫中国家族企业创始人:"我认为美国式的股份制不适合中国国情。"

茅理翔表示:"即使在西方国家的家族企业中,家族相对控股的也在少数。很多相对控股的家族企业最终面临被收购、兼并或者转为股份公司的命运。"

第八章　绝对控股

在多数论者看来，不管是国外家族企业，还是中国家族企业，要想做强做大，不断稀释股权才是一条最佳的路径。

然而，茅理翔无疑给持有这样观点的家族企业创始人泼了一盆冷水。当然，得出想做强做大就必须不断稀释股权的结论，是源自对西方国家家族企业的发展轨迹的研究；而茅理翔的"股权安全系数在70%到90%之间"结论，则是基于方太这个家族企业在中国的巨大成功。

西方国家家族企业的创始人常常将自己的公司牢牢抓在手中，绝大多数美国家族企业的继承人们在董事会和管理层中行使着无上的权力。绝对控制是众多美国家族企业成为世界500强企业的一个重要因素。一般地，家族企业可分为三类。

（1）所有者和经营者全部为一个或几个家族所掌握。

（2）一个或几个家族掌握着不完全的所有权，却能掌握主要经营权。

（3）一个或几个家族掌握大部分所有权而不掌握经营权。

事实上，家族企业就是一个家族或几个具有紧密联盟关系的家族拥有全部或部分所有权，并直接或间接掌握经营权的企业。当然，在家族企业经营中，家族如何保持着对企业的控制，同时又能吸收新鲜资本并满足企业的资金需求，是每个家族企业都必须权衡解决的一个问题，因为它是引起潜在冲突的一个重要根源，尤其是在权力从创始人交接到接班人手中的时候，这样的情况可能会更加严重。

陶华碧家族100％拥有老干妈股权

2017年2月12日,新京报网刊载了一篇名为《"老干妈"陶华碧悄然退出,不再持股老干妈》的文章,此文犹如一颗重磅炸弹,把老干妈这个神秘企业推上了风口浪尖。

众所周知,在中国诸多企业中,老干妈是一家低调而神秘的公司。与阿里巴巴创始人马云、巨人创始人史玉柱等很多同企业家不同的是,陶华碧以及家族接班人很少接受媒体的采访,选择"闷声发大财"。

"不偷税、不贷款、不欠钱、不上市",这是广为流传的陶华碧的"四不"名言。陶华碧说:"上市、融资这些东西我一概不懂,我只知道一上市,就可能倾家荡产。上市那是欺骗人家的钱,所以我坚决不上市。"

正因为如此,多年来,老干妈的股权被牢牢掌控在陶华碧及其家人手中。我查阅老干妈的企业股权结构资料发现,2014年6月之前,老干妈的股权结构非常简单,股东只有陶华碧与其两个儿子李贵山和李辉,其中,陶华碧占1％的股份,长子李贵山持有老干妈49％的股份,次子李辉2012年5月才入股,持有老干妈50％的股份。

2014年6月27日,在贵阳南明老干妈风味食品有限责任公司的股东名单中,陶华碧和李辉的名字被删除了。

取代陶华碧和李辉的是被誉为"神秘人"的李妙行。在老干妈目前的股权结构中,长子李贵山持有老干妈49％的股份,李妙行持股比例为51%。

神秘股东李妙行的出现,加上陶华碧及其次子李辉的退出,无疑引发外界的诸多猜测。

陶华碧放下最后1%股权

在国家企业信用信息公示系统上,陶华碧依旧是老干妈的法定代表人,李贵山为监事。作为家族企业的老干妈,其股权构成依旧简单,仅有李贵山和李妙行两位自然人股东。

根据《理财周报》2014年3月的报道,在当时,老干妈的股东只有陶华碧与其两个儿子。其中,陶华碧仅占1%的比例,长子李贵山持有49%,次子李辉2012年5月才入股,持有50%。此次股权变动,说明陶华碧已经完成交班,把最后的1%也让了出去。

股东信息变更,陶华碧悄然隐退似乎在情理之中,不过,让研究者好奇的是,陶华碧次子李辉的名字也从股东名单中除去,取代陶华碧和李辉的是一个消费者、媒体、研究者并不熟悉的"李妙行"。

于是,神秘股东入股老干妈的新闻漫天飞。在老干妈股权信息变更的同一天,陶华碧的名字同样从贵阳南明春梅酿造有限公司的股东信息中撤下,同时"李辉"更改为"李妙行",企业类型从"有限责任公司(自然人投资或控股)"变更为"有限责任公司(自然人独资)"。信息显示,目前该公司法人依然是陶华碧。

此外,李妙行目前担任贵阳南明老干妈风味食品有限责任公司贵定分公司负责人,该分公司创建于2015年11月24日。关于这个股权风暴,媒体采访我时,我也谈了相关的观点:"老干妈作为一个家族企业,不融资、不贷款、不上市,说明老干妈不缺资金,那么此次股权变动,属于正常的家族企业传承的交班行为,那么这个李妙行,肯定是陶华碧的家人。"

"李辉"＝"李妙行"

尽管我阐述了我的观点,但是外界依然在猜测神秘人李妙行是何人。2017年2月17日,据《羊城晚报》报道,陶华碧的秘书刘涛,在2017年2月16日接受记者采访时回应外界的传言称,所谓的神秘人入股老干妈,其实是一场乌龙事件。刘涛说:"'李辉'只是'李妙行'的曾用名。"①

然而,细心的研究者查阅老干妈的资料后发现,"李辉"和"李妙行"曾同时出现在老干妈的10项专利信息中。

媒体记者通过国家知识产权局官网查询发现,在股东信息变更的2014年6月27日前,"李辉"和"李妙行"这两个名字的确曾同时出现在老干妈的相关企业信息中。

信息显示,在老干妈的37项专利中,竟然有10项是由李妙行和李辉共同发明的,申请日期均为2014年3月。

信息还显示,2012年李辉入股老干妈之前,李妙行已以联合发明人的身份,参与了老干妈在2010年8月3日申请的3项专利发明。

在贵阳南明春梅酿造有限公司的专利信息中,全部3项专利均由李妙行和李辉共同发明,申请日期为2012年4月12日。

---

① 刘勇."神秘人"入股原来是乌龙"老干妈"仍由陶华碧两子控制[N].羊城晚报,2017-02-17.

针对如此情形，广东安国律师事务所黎鹏俊律师分析认为："如果李辉和李妙行是同一人，即有可能是以下两种情况：一是共同发明人中有另一个同名的李辉或李妙行；二是由于专利申请的时候'发明人'一栏是申请人自己报上去的，只有第一发明人要填身份证号码，其他共同发明人的身份证号码可不填，所以不排除申请人有意报两个名字上去的可能。"

在老干妈于 2014 年 8 月 19 日申请的 3 项专利中，李妙行是唯一的发明人。

不仅如此，贵阳市南明区政府门户网站显示，自 2012 年 1 月开始，李辉担任南明区区政协副主席，分工为根据工作需要联系非公有制经济方面的工作。

从其就职履历可以看出，李辉从 2008 年 9 月至 2011 年 12 月担任贵阳南明春梅酿造有限公司总经理、贵阳南明老干妈风味食品有限责任公司总经理。

针对外界的不解，刘涛称，老干妈目前的股权结构变化不大，其中，陶华碧的长子李贵山持有老干妈 49% 的股份，陶华碧之前 1% 的股份转让给了次子李妙行，李妙行目前的持股比例为 51%。

对于此次变动，刘涛坦言："这只是家族企业内部的正常交接和传承。"刘涛称，目前，陶华碧仍然是贵阳南明老干妈风味食品有限责任公司的董事长和法人代表。在分工上，李贵山负责销售，李妙行负责生产。

中山大学岭南学院民营企业研究中心主任储小平在接受《中国经营报》采访时坦言："考虑到陶华碧已经在两三年前便逐步退出，但目前公司业务还算平稳，可以说该公司的接班传承是比较成功的。"

作为家族企业的老干妈,在传承到第二代后,企业发展方向备受关注。中国食品产业评论员朱丹蓬认为,陶华碧此次退出老干妈股权并不等同于其与企业的运营相脱离。朱丹蓬在接受《中国经营报》采访时说道:"事实上陶华碧现在可以看作是'慈禧太后'这样一个角色。"朱丹蓬表示,目前老干妈的发展一定意义上来说遭遇了瓶颈,二代接班人后期应该着力进行全方位的创新,包括顶层设计的创新、塔腰部分营销策略的创新、塔基部分关于整个产品及整个营销团队的创新等。

> "什么上市、融资这些鬼名堂,我对这些是蒙的,
> 　　我只晓得炒辣椒,我只干我会的。"

在资本运作的时代,一些创业者热衷于企业上市,有的创业者甚至还坦言:"有条件要上市,没条件也要不惜一切代价上市。"在这些创业者看来,不上市似乎就没有创业动力。陶华碧曾在接受媒体采访时坦言:"什么上市、融资这些鬼名堂,我对这些是蒙的,我只晓得炒辣椒,我只干我会的。"

虽然陶华碧的观点没有解决外界的质疑,却说明了陶华碧绝对控股的战略思路。陶华碧心里非常清楚,一旦上市或者融资的话,必然丧失对老干妈这个企业一定的话语权,要想让老干妈成为百年老店,就必须远离上市和融资。

第八章　绝对控股

"我们没有(上市)这个需求,而且只专注做辣椒酱,不搞其他的,所以没有跟那些机构接触的必要嘛。"

在企业的上市过程中,一些地方政府起到了推波助澜的作用,甚至一些研究者疑惑地问:"地方政府推动企业上市的出发点,究竟是从政绩需要出发,还是从企业实际发展需要出发?"

很多地方政府把推动企业上市作为一项非常重要的工作来抓,地方各级官员也乐此不疲。有些地方政府从短期政绩出发,将一批根本不具备上市条件或者说暂时还不够条件的企业强行推动上市,这样的问题企业登陆证券市场,自然会给投资者甚至整个社会带来无穷危害,上市工作演变成新的"政绩工程"。[①]

陶华碧坚持老干妈不上市,加上老干妈拥有充足的现金流,这块巨大的蛋糕让很多投资机构垂涎三尺。为了说服陶华碧开展资本运作,北京某投资机构还动用了政府官员的力量,结果却屡屡碰壁。

陶华碧坚决不上市的态度也让贵阳当地政府多次吃了闭门羹。

贵阳市政府的官员曾表示:"和她谈融资的事情比引进外资还要难,她心里拿不准的事谁也说不动。"

陶华碧坚持老干妈不上市确实是说到做到。

20多年来,只有两家投资机构有幸迈进老干妈公司的大门,一家北京的,一家香港的,分别是2011年和2012年来的。

---

① 经宝.不贷款、不融资、不上市"老干妈"不上市给政府和企业的启示[N].企业家日报,2014-04-25.

当初负责接待这两家机构的老干妈内部人士回忆称,当时压根就没考虑要进一步接触,甚至已经记不清楚这两家机构的名称,当初给的名片早已丢弃在某个角落里。

该接待者说:"当时他们已经到贵阳了,找到政府,政府的人把他们带到公司。我们直接拒绝了,没有这个意向和需求,与他们也没有什么可谈的,顶多给他们介绍了一下我们公司的发展。"

据其介绍,还有一些投资机构通过贵阳市政府转达投资的意愿,因为老干妈没有上市和融资需求,就直接拒绝了。

客观地讲,贵阳市政府之所以想让老干妈上市,还是源于地方政府的政绩动机。贵阳市一金融从业人士在接受媒体采访时坦言:"见不到公司,投资机构只能找政府,政府当然鼓励企业去上市,毕竟贵州的上市公司少得可怜。但企业的工作做不通,老干妈不要银行贷款,甚至政府的钱也不要,更不用说外面来的投资机构了。"

在该人士看来,当地不少金融机构都想傍上老干妈这棵"大树",可是陶华碧始终坚持"不贷款、不融资、不上市"的"三不政策",简直就是无缝的鸡蛋。该人士说:"找政府没用,企业压根不买账。政府也知道他们的脾气,很多意向不用转达,就直接把投资机构回绝了。"

陶华碧坚持老干妈不上市,不仅是坚持稳健发展,同时也是在远离贪婪的资本市场。

在陶华碧看来,老干妈一直坚持现款交易,而且有多少钱就做多少事,从没出现过资金周转困难的情况。"我们没有这个需求,而且只专注做辣椒酱,不搞其他的,所以没有跟那些机构接触的必要嘛。"

"我没有跟国家贷过款,贴息贷款我都不要"

在老干妈发展和壮大的过程中,陶华碧始终坚持不贷款的经营策略。这是陶华碧很具特色的经营思维。在陶华碧看来,保持与政府的合理距离是保证老干妈基业长青和持续经营的一个重要因素。

2000年,老干妈产值1.5亿元,上缴税金2 464万元。在这样的背景下,扩大规模就摆在陶华碧面前。2001年,陶华碧为了进一步扩大企业的生产规模,决定再建一处厂房。当时,老干妈大部分资金都压在原材料上,高层领导建议陶华碧寻求政府的帮助。

得知老干妈要扩建规模,贵阳市南明区区委对此事较为重视,立即协调建行给陶华碧贷款。当协调好后,贵阳市南明区区委办给陶华碧打来电话,让陶华碧到贵阳市南明区区委洽谈此事。

陶华碧带上会计来到贵阳市南明区区委,乘电梯到办公室所在的三楼。因为电梯很旧,门已经坏了,陶华碧走出电梯一不小心被电梯门刷住了衣服跌倒在地。陶华碧因此改变了借钱的想法,陶华碧说:"你们看,政府也很困难,电梯都这么烂。我们向政府借钱(陶华碧不知道政府协调银行贷款是什么意思,以为就是向政府借钱),给国家添麻烦。不借了,我们回去。"

正是这样一个举动,改变了陶华碧的经营路径。在成千上万的企业经营者看来,融资是企业发展和壮大的一条必经之路,一个企业一旦不能够融到资金,那就意味着现金流可能出现断裂的情况。

企业融资的作用不言而喻了。资金就像创业企业的血液一样,关系到创业企业的生死存亡。陶华碧说:"我没有跟国家贷过款,贴息贷款我都不要。政府很早以前就提出要扶持,我不要,我有多大本事就做多大的事,踏踏实实做,不欠别人一分钱,这样才能持久。我不但不欠政府一分钱,也不欠员工一分钱,拖欠一分钱我都睡不着觉。和代理商、供货商之间也互不欠账,我不欠你的,你也别欠我的。"在陶华碧看来,稳健的经营策略比盲目规模扩张要妥当很多,至少可以控制风险。一旦贷款,势必会导致更强的投机心理,无疑会把老干妈这个企业引向破产的悬崖边。

我在给一些企业老板做内训时发现,很多企业经营者都认为,融资是一个企业基业长青和持续经营的必备条件。殊不知,这样的看法是不客观的,在实际的经营中,融资仅仅是企业经营者实现商业计划和商业发展的一个部分,建立一个持续、永久盈利并为用户所喜爱的百年品牌才是重中之重。企业在种子期、初创期、发展期、成熟期等不同的发展阶段,有不同的发展方式。

美国管理学家伊查克·爱迪思(Ichak Adizes)曾经花费20多年的时间来研究企业是如何发展、老化和衰亡的。在《企业生命周期》一书中,伊查克·爱迪思把企业生命周期分为10个阶段,即:孕育期、婴儿期、学步期、青春期、盛年前期、盛年期、盛年后期、稳定期、贵族期、官僚化早期、官僚期、死亡,见图8-1。

从爱迪思这个类似山峰轮廓的企业生命周期曲线中不难看出,有的企业可以在这条曲线上延续几十年甚至上百年。然而,

第八章 绝对控股

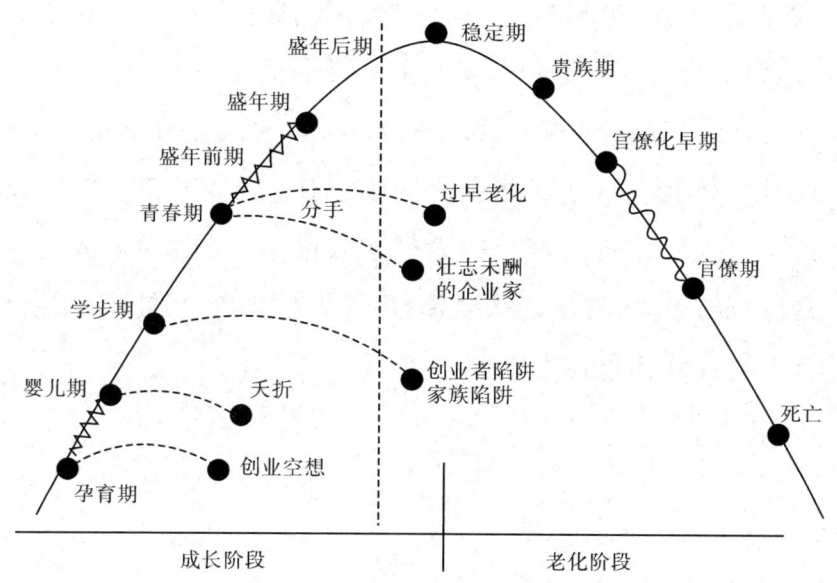

图 8-1 企业生命周期示意图

成千上万的企业还没走完这条曲线就倒闭了,有的仅仅存在几年、十几年,有的还在成长期就夭亡了。

在爱迪思看来,企业在成长中会遇到许多陷阱,很多企业面临的最大问题是"第二次或第三次创业"的陷阱,尤其是民营企业。这时企业基本上已经发展起来了,处在学步期或青春期,将要从创业型转为管理型,进行较大的跳跃。爱迪思指出的创办人或家族陷阱,正是民企关心的如何超越家族制的问题,而这恰恰是企业最危险的一个陷阱。①

其实,企业生命周期的理论不仅存在于企业中,也存在于任何组织中。在任何发展阶段,企业经营者要想企业健康发展,必

---

① [美]伊查克·爱迪思.企业生命周期[M].北京:中国社会科学出版社,1997:17-96.

须加强产品研究、市场推广、运营管理等各项工作来实现企业的商业计划。融资仅仅是企业经营的一部分而已。

  风投公司 Homebrew 联合创始人亨特·沃克（Hunter Walk）表示，风投资本并不是资助企业的唯一途径，对很多早期创业公司而言，它实际上是最糟糕的途径。实际上，美国大多数企业家不需要融资。这样的理论从侧面证明了陶华碧"不贷款、不融资、不上市"的合理性和实用性。

第九章

敢于打假

凡是带"干"字的辣椒酱都要打假,我们一年四季都在打假。……你看到假冒的产品,就告诉我,我会付给你感谢费。

——老干妈创始人　陶华碧

第九章　敢于打假

> "你看到假冒的产品，就告诉我，
> 我会付给你感谢费。"

在中国企业家中，高调打假的陶华碧算得上是一个领军人物，而且一点都不含糊。随着老干妈不断发展和壮大，其品牌广为人知之后，全国各地陆续地出现了 50 多种"老干妈"，在这样的背景下，陶华碧不得不耗费巨大的精力和资金打假，为此还成立了贵州省民营企业第一支打假队，开始在全国打假。2003 年 5 月，陶华碧的老干妈终于获得国家商标局的注册证书，同时湖南老干妈之前在国家商标局获得的注册被注销。① 这为陶华碧打假提供了法律支持，使得打假名正言顺。

创建打假队伍

陶华碧在创业历程中，其品牌意识是极其强烈的。为了创建"老干妈"这个品牌，陶华碧可谓是吃尽了苦头。如前所述，1989 年，陶华碧在贵阳市南明区龙洞堡贵阳公干院的大门外侧，开了个专卖凉粉和冷面的"实惠饭店"。

从那以后，"老干妈"开始被人朗朗上口地叫着，陶华碧本人被亲切地称为"老干妈"，看到陶华碧本人就好像看到了老干妈辣椒酱一样。

当时，"老干妈"品牌已经从这个小小的路边摊延展出去，蔓

---

① 华青剑.老干妈"陶华碧：有多大的本事就做多大的事［EB/OL］. http://finance.ce.cn/rolling/201404/28/t20140428_2727459.shtml.

延到千家万户的厨房里。随着"老干妈"品牌广为人知，一些仿冒品自然而然就出现了。

在老干妈初创时期，为了阻击仿冒，李贵山向国家工商行政管理总局商标局申请注册商标，却被商标局以"'干妈'是常用称呼，不适合作为商标"的理由驳回。正是商标局的否决，给那些仿冒者制造了机会。

老干妈热销之后，全国各地陆续出现50多种"老干妈"，陶华碧不得不开始花大力气打假。为了有效地打假，陶华碧派人到各地卧底调查，为此还成立了贵州省民营企业第一支打假队伍，每年拨款数百万元，开始了在全中国的打假之旅。

"你看到假冒的产品，就告诉我，我会付给你感谢费。"

在接受媒体的采访时，陶华碧数次强调食品安全，她认为，国家就是要用法律法规把假冒伪劣产品打得干干净净。

陶华碧说道："你看到假冒的产品，就告诉我，我会付给你感谢费。"陶华碧声称，任何人看到假冒产品后，都可以向老干妈公司反馈信息。

2016年2月，贵阳老干妈公司发现，在北京家乐福公司慈云寺店内，有一款标有"牛头牌老干妈牛肉棒"的商品在销售。该商品包装的正面上部标有贵州永红公司所拥有的"牛头牌及图"商标，其中部印有"老干妈"字样。

贵阳老干妈公司认为，贵州永红公司、北京家乐福公司侵犯"老干妈"驰名商标专用权。于是，将其起诉至北京知识产权法院，请求法院判令贵州永红公司和北京家乐福公司立即停止侵犯贵阳老干妈公司驰名商标专用权的行为,停止在牛肉棒上使用"老干妈"字样,停止以任何形式销售印有上述"老干妈"字样的牛肉棒;判令贵州永红公司和北京家乐福公司赔偿贵阳老干妈公司经济损失及合理费用800余万元。[①]

在法庭上,贵州永红公司辩称,其自2014年就开始购买贵阳老干妈公司生产的"老干妈"牌豆豉作为"牛头牌老干妈牛肉棒"产品的生产调料,该商品包装使用"老干妈"字样并没有起到识别商品来源的功能,而是为了更好地披露商品已真实地添加老干妈豆豉油的合理标注,在主观上没有任何攀附的意图,客观上也没有淡化"老干妈"商标的显著性和识别性,因此没有淡化驰名商标。

贵州永红公司还称,其与贵阳老干妈公司不属于同一行业,不存在市场竞争关系,"牛头牌老干妈牛肉棒"商品的生产和销售不会挤压贵阳老干妈公司的原有消费市场,该行为也不属于识别性商标的使用行为,同时不会造成消费者对商品来源产生不必要的混淆。

经过原被告双方激烈的辩论,北京知识产权法院经审理一致认为,"牛头牌老干妈牛肉棒"商品上尽管印有"老干妈"字样,的确也添加了"老干妈"牌豆豉,但是,与"原味"、"香辣"、"黑胡椒"等口味不同的是,"老干妈"不是一种调料口味,同时也不是一种原料,而是贵阳老干妈公司所拥有的驰名商标,具有较强的显著性,与老干妈公司具有唯一的对应关系。

[①] 郑斯亮."老干妈"是口味标识还是商标使用?[N].中国知识产权报,2017-06-15.

基于此,不能将"老干妈"视为一个描述性词汇运用在"牛头牌老干妈牛肉棒"商品上。尤其是贵州永红公司将"老干妈"字样标注在"牛头牌老干妈牛肉棒"商品包装上的行为,其造成的后果是消费者会误认为涉案商品上的"老干妈"字样所指向的是其与贵阳老干妈公司之间存在特定的联系。贵州永红公司将"老干妈"字样标注在涉案商品上的行为,客观上已起到了识别商品来源的功能,系商标使用行为。因此,被诉侵权行为易引起消费者将涉案商品与贵阳老干妈公司之间搭建不恰当的联系,将涉案商标所享有的优良商誉投射到涉案商品上,故不属于合理使用的范畴。①

在此次诉讼中,有关被告北京家乐福公司提交的在案证据可以认定该公司通过合法渠道取得涉案商品,故本案损害赔偿责任理应由"牛头牌老干妈牛肉棒"商品的生产、销售商贵州永红公司承担。

据此,北京知识产权法院判决贵州永红公司立即停止在其生产、销售的牛肉棒商品上使用"老干妈"字样,北京家乐福公司停止销售上述印有"老干妈"字样的牛肉棒;贵州永红公司赔偿贵阳老干妈公司经济损失及合理支出27.45万元。

收到判决后,双方都不服一审判决,向北京高院提出上诉。其后,北京高院变更一审判赔额为17.5万元,并驳回双方其他上诉请求。

中国政府着力推动品牌战略,甚至还有"中国品牌日",基于

---

① 郑斯亮."老干妈"是口味标识还是商标使用?[N].中国知识产权报,2017-06-15.

第九章 敢于打假

此,一些企业为了搭上知名商标的顺风车,经常卷入品牌纠纷。

中国改革开放才40年,对品牌建设和维护还不够重视。一些企业经营者就悄然淡化知名商标,在老干妈和永红的案件中,永红直接将商品描述通用化为一种口味名称,减弱了涉案商标的显著性和识别性。此类驰名商标的淡化侵权,引发了企业界、法学界等的讨论和关注。

北京市京师律师事务所律师刘仁堂分析认为,在该案中,贵州永红公司生产的涉案产品为牛肉棒,与贵阳老干妈公司生产的调味品同为食品,两者的商品类别相同或者相似。

刘仁堂解释称,贵州永红公司在涉案商品上标注"老干妈"字样的行为,试图把涉案商标"老干妈"解释成同"黑胡椒""香辣"并列的一种口味描述,而事实上,"老干妈"并不代表现实生活中的一种口味,"老干妈"是贵阳老干妈公司的驰名商标,"老干妈"本身所具有的显著性以及其所代表的贵阳老干妈公司长期经营使用所产生的商誉,不是一种食品口味的通用名称,贵州永红公司对"老干妈"的使用行为,显然存在对该驰名商标弱化甚至退化的可能性,将导致其通用化为一种口味名称,会减弱涉案商标的显著性和识别性。据此,刘仁堂认为,若该行为不被制止,久而久之,"老干妈"作为驰名商标就可能演变成商品的通用名称,消费者就无法对"老干妈"与贵阳老干妈公司进行唯一性联系。因此,贵州永红公司对"老干妈"的使用属于淡化式侵权行为,是侵犯他人商标权的行为。[①]

[①] 郑斯亮."老干妈"是口味标识还是商标使用?[N].中国知识产权报,2017-06-15.

针对此次事件,京师律师事务所律师钟兰安表示,驰名商标淡化行为尽管可能发生在与驰名商标核定保护的商品不同类的行业中,但是淡化行为一旦发生,驰名商标的显著性将大为弱化甚至不复存在,其识别性也将深受影响,不能发挥区分商品来源、彰显商誉的功能,驰名商标的价值自然会受到严重削弱。为了避免涉案驰名商标"老干妈"最后淡化为一种通用的口味描述性词汇,有必要对该驰名商标作出反淡化保护。①

钟兰安告诫企业家称,作为驰名商标的权利人,必须珍惜和爱护其商标权。对于任何对知名商标淡化的行为,包括弱化、退化、玷污等使用行为,必须坚决地通过司法、行政程序进行有效维权,确保自身商标的显著性和良好商誉,防止出现原为商标的"JEEP""阿司匹林"等后演变成商品通用名称的事情发生。

随着改革开放的深入,中国企业经营者对商标以及品牌的维护和建设更加重视,由驰名商标淡化而引发的纠纷屡见不鲜。

在这类案件当中,通常存在复制、模仿驰名商标或其主要部分,用在不同或者不相类似的商品上作为商标使用的行为,引起了企业家、学者,以及法律界人士的广泛关注。

法律专家指出,"淡化式侵权"足以使相关公众认为被诉商标与驰名商标具有相当程度的联系,直接减弱驰名商标的显著性、贬损驰名商标的市场声誉,或者不正当利用驰名商标的市场声誉,致使该驰名商标注册人的利益可能受到损害。②

---

① 郑斯亮."老干妈"是口味标识还是商标使用?[N].中国知识产权报,2017-06-15.
② 郑斯亮."老干妈"是口味标识还是商标使用?[N].中国知识产权报,2017-06-15.

第九章　敢于打假

当企业的品牌遭遇侵权时,一向视老干妈为"命根"的陶华碧拿起法律的武器,直接维权,赢得胜诉。

据了解,"老干妈"商标于 2003 年 5 月 21 日被核准注册,核定使用商品为第 30 类:豆豉、辣椒酱(调味)、炸辣椒油等商品,"老干妈"的商标权利人为贵阳老干妈公司。

追溯"老干妈"商标的历史,其曾在 2011 年、2014 年、2015 年、2016 年多次被国家工商行政管理总局商标局、国家工商行政管理总局商标评审委员会和法院认定为驰名商标。

在此次纠纷中的贵州永红公司,其拥有第 4686272 号、第 10781638 号、第 3550793 号、第 5853924 号的"牛头牌及图"系列注册商标,核定使用商品为第 29 类牛肉食品。公开信息披露,2010 年,"牛头牌及图"商标被国家工商行政管理总局商标局认定为驰名商标。这两个看似没有任何关联的两个知名品牌因为商标纠纷搅在一起。

"你就仿冒、搭车,甚至去抢注老干妈品牌,那不行"

在品牌维护上,陶华碧非常重视"老干妈"这块金字招牌,不管是在生产流程上,还是在打击仿冒、搭便车上,陶华碧始终不妥协。

在与湖南华越公司诉讼中,陶华碧坚持"老干妈"品牌是自己所创,而且艰难地找到湖南华越公司抢注的证据,最终赢得这场马拉松式的知识产权官司。

时隔多年,陶华碧谈到这场官司时,依然强势回击:"大家可以公平竞争,要讲究正义和良心,你要有本事,自己去创造一个品牌,我觉得你是伟大的。但我们有一个品牌,你就仿冒、搭车,甚至去抢注,那不行。我创出来的,就得是我的。我这个人,真金不怕火炼,我不怕。"

"你要有本事,自己去创造一个品牌,我觉得你是伟大的。"

陶华碧一直都非常重视品牌的建设和维护。

为了维权,陶华碧拿起法律的武器,让中国企业家对商标的商业价值有了别样的认识。

当然,陶华碧的维权之路异常艰难。尽管打假有了一定的成效,但是仿冒的"老干妈"就像春夏的韭菜一样,割了一茬又长出一茬。在这场打假攻坚战中,陶华碧首战面对的是湖南刘湘球的"老干妈"(湖南华越公司),主要是因为,刘湘球的"老干妈"的商标和贵州老干妈的几乎一模一样。

在打假之前,陶华碧已启动了一系列的商标申请。1998年4月13日,贵阳老干妈向商标局提出第2021191号商标的注册申请。当时,商标局认为"干妈"是普通的人称称谓,驳回了该商标的注册申请。其后,经过驳回复审程序,贵阳老干妈的商标于2003年5月21日获准注册,核定使用在第30类"豆豉、辣椒酱(调味品)、炸辣椒油"等商品上。

与此同时,陶华碧也在进行组合商标的申请。1998年12月30日,贵阳老干妈向国家商标局提出第1381611号"陶华碧老干妈及图"组合商标的注册申请,该申请于2000年4月7日获准注册,核定使用在第30类"豆豉、酱辣椒(调味品)、油辣椒(调味品)、火锅调料(调味品)、姜油(调味品)、蒜油(调味品)、酱菜(调味品)"等商品上。

当贵阳老干妈正如火如荼地进行商标申请时,湖南华越公司也在积极申请商标。2001年4月2日,湖南华越公司向商标局提出第1968596号"刘湘球华越老干妈及图"组合商标的注册申请,指定使用在第30类"八宝饭、饼干"等商品上,经商标局核准获得注册。

其后,贵阳老干妈向商标局提出异议。与此同时,湖南华越公司也以其商标获注册为由,针对"陶华碧老干妈及图"商标提出异议申请。

当两个公司都不约而同地对对方提出异议申请时,商标局开始"和稀泥式"调解。2000年8月,商标局作出两份异议裁定——贵阳老干妈和湖南华越公司两家共同使用"老干妈"品牌。

收到裁定后,贵阳老干妈由于不服商标局的裁定,于是向国家工商行政管理总局商标评审委员会提出异议复审,商标评审委员会裁定被异议商标核准注册。

贵阳老干妈不服商标评审委员会裁定,于是向法院提起行政诉讼。北京市第一中级人民法院和北京市高级人民法院认为,审查判断相关商品是否类似,应当考虑商品的功能、用途、生产部门、销售渠道、消费群体等是否相同或者具有较大的关联性。相关商标的知名度通常会影响商标近似与否的判断,但并非商品是否类似的考虑因素。

在此案中,被异议商标指定使用的"八宝饭、饼干"商品,与两引证商标核定使用的"豆豉、辣椒酱(调味品)"等商品,虽然存在一定差异,在功能、用途、生产部门、销售渠道、消费对象等方面仍存在较为密切的关联,属于类似商品。在被异议商标与两引证商标已构成近似商标的基础上,被异议商标与两引证商标已分别构成使用在类似商品上的近似商标。因此,判令商标评审委员会重新做出裁定,商标评审委员会最终依法撤销了被异议商标。

在向商标评审委员会提出商标异议的同时,贵阳老干妈起诉湖南华越公司和其销售商北京燕莎望京购物中心,请求法院判定被告停止侵权,赔礼道歉,赔偿其经济损失40万元。

最终,北京市高级人民法院对此案作出终审判决,法院终审判决湖南华越公司停止在风味豆豉产品上使用"老干妈"商品名称;停止使用与贵阳老干妈风味豆豉瓶贴近似的瓶贴;赔偿贵阳老干妈经济损失40万元;燕莎望京购物中心停止销售湖南华越公司风味豆豉。

"哪怕倾家荡产,也要打到底,我也不会让你得逞,你再有权有势,我们也要讲真理。我砸锅卖铁,都要跟你打下去。"

为了打击仿冒之风,陶华碧决定拿湖南刘湘球"老干妈"开刀,因为刘湘球的"老干妈"的商标和贵阳陶华碧的"老干妈"几乎一模一样。

陶华碧因此与湖南"老干妈"较量了几年,从北京市二中院一直打到北京市高院,甚至还数次斗法于国家商标局。尤其是一审法院判决,贵阳老干妈和湖南老干妈两个"老干妈"都可以使用老干妈的商标。这对于对老干妈品牌呵护备至的陶华碧来说是无法接受的。

第九章 敢于打假

在维权的过程中,面对"和稀泥"的判决,陶华碧始终不妥协,陶华碧说道:"哪怕倾家荡产,也要打到底,我也不会让你得逞,你再有权有势,我们也要讲真理。我砸锅卖铁,都要跟你打下去。"

尽管维权艰难,但是陶华碧却果敢地决定,提起上诉。在这期间,很多人都劝陶华碧放弃上诉,其理由是,上诉会耗费巨额资金和时间。陶华碧面对前来劝解的人就一句话:"我才是货真价实的'老干妈',他们是崴货(贵州话,假货),难道我还要怕崴货吗?"

陶华碧倔强的做法赢得两位黔籍官员——时任贵阳市市长孙国强和当时的中国"入世"首席谈判代表龙永图的认可,在他们极力斡旋下,贵阳老干妈终于打败了湖南的"老干妈"。2003年5月,陶华碧的"老干妈"终于获得国家商标局的注册证书,同时湖南"老干妈"之前在国家商标局获得的注册被注销。

北京市高级人民法院作出终审判决,老干妈的品牌归属为贵阳老干妈。

与湖南老干妈打了3年的官司后,陶华碧旗开得胜。此案成为"2003年中国十大典型维权案例"。

从陶华碧的维权之路可看出,陶华碧非常重视老干妈这个企业的品牌。陶华碧乐于别人称呼她为"老干妈",每次听到别人叫她"老干妈"时,她就觉得别人在认可她,她看到了自己的成绩,有满足感。

"凡是带'干'字的辣椒酱都要打假，我们一年四季都在打假。"

在打击假冒品行动中，陶华碧从来不手软。在2014年全国两会期间，陶华碧秘书刘涛介绍说道："老干妈公司近年来每年都要安排两三千万用来'打假'的专项资金。此外，公司对商标保护也加强了措施。目前，公司全部注册商标达114个，包括'老于妈''妈干老'等商标，这都是为了防止一些公司打擦边球，对老干妈品牌有所影响。"

"老干妈公司近年来每年都要安排两三千万用来'打假'的专项资金。此外，公司对商标保护也加强了措施。"

我查阅相关资料发现，除了注册"老干妈""陶华碧老干妈"商标以外，贵阳老干妈公司早在2000年就申请注册过"老干爹""陶老干爹""陶老干爷""陶老干爸""陶老干儿"等商标，甚至连"陶老干妈""陶华碧新干妈""陶华碧老干娘""陶华碧老亲娘""陶华碧老亲妈"等商标名也被其申请注册过。

通过积极打假和维权，市场上的假冒老干妈辣椒酱现象得到有效遏制。陶华碧坦言："凡是带'干'字的辣椒酱都要打假，我们一年四季都在打假。"陶华碧参加两会提交的建议也涉及打假。当媒体采访提到有假冒老干妈的产品时，陶华碧非常气愤，坦言，这几年提交的建议都和打假有关。

陶华碧解释，很多带"干"的牌子，借着老干妈辣椒酱的名声在市场上销售,可能其产品质量不过关,不仅毁了老干妈好不容易积累的名声,甚至更伤了老百姓的身体。

四川3家"老干妈"被举报和严打

2013年,贵阳老干妈再次实施打假行动,仅仅在四川省就有三家公司涉案,分别是"川干妈"生产企业四川省眉山市宏腾佳味食品有限公司、"四川干妈"生产企业川外川食品有限公司、"家香干妈"生产企业好家香食品有限公司。

这三家公司商标在构成要素、排列、整体外观等方面与贵阳老干妈商标无显著差别,其瓶贴上所用商标与贵阳老干妈瓶贴商标极度相似,非常容易让消费者产生混淆,贵阳老干妈因此举报其涉嫌商标侵权。

2013年9月初,贵阳市南明区工商局接到贵阳老干妈的举报称,位于四川省眉山市的3家生产豆豉辣椒的企业,其瓶贴上所用商标与贵阳老干妈生产的风味豆豉辣椒瓶贴商标几乎相同。接到举报之后,贵阳市南明区工商局对此高度重视,立即组织执法人员对四川省眉山市宏腾佳味食品有限公司、川外川食品有限公司、好家香食品有限公司的产品瓶贴商标进行认真比对与分析,掌握充分的证据之后,最终确认了其侵权行为。

2013年9月9日上午,在贵阳市南明区区政府的统一部署下,南明区工商局党组指派经检大队一行4人组成专案组飞赴四川省眉山市打假维权。当日下午,南明区工商局执法人员赶到了好家香食品有限公司生产现场,在眉山市当地工商部门的积极配合下,当场收缴"家香干妈"标识17 500张、成品72件(每件24

瓶),其中部分产品刚生产出来正在进行包装。

2013年9月10日,执法人员又奔赴宏腾佳味有限公司和川外川食品有限公司,在宏腾佳味有限公司收缴"川干妈"标识22 000张、成品431件(每件24瓶);在川外川食品有限公司收缴"四川干妈"标识10万张、成品520件(每件24瓶)。①

此次打假行动,一共收缴侵犯"老干妈"商标专用权标识139 500张、成品1 023件,为贵阳老干妈挽回直接经济损失上千万元。

老干妈维权决不手软

"我很好奇'老干妈''老干爸''老干娘''老干爹'这几个产品之间到底有什么关系。"消费者蔡先生表示,虽然"长"得很像,但是他还是会选择"老干妈"辣椒酱。

在维护品牌上,陶华碧可谓是不惜成本,2012年,陶华碧甚至把国家工商行政管理总局商标评审委员会告上了法庭,起诉的理由是,商标评审委员会核准了"川南干妈"商标,该商标与贵阳的"老干妈"在构成和外观等方面并没有显著区别。"老干妈"作为中国驰名商标,商标评审委员会在审核注册商标的近似判断上应该更为严格,对混淆界限的把握要更宽泛。②

经过20多年的发展和壮大,在消费者的意识中,已经建立起了品牌与品类的连接,即"老干妈"=辣椒酱。当然,"老干妈"能

---

① 仇晓东,段任飞.屡打不止 贵阳"老干妈"饱受侵权之苦.中国商报·知识产权导报,2013-10-10.

② 刘子阳."老干妈"是怎样炼成的[N].法治周末,2013-02-19.

第九章 敢于打假

够成为知名品牌,离不开陶华碧的维权意识,但是在维权的过程中,却无处不充满坎坷和挫折。

陶华碧在接受采访时坦言,在她印象中,最深刻的是那场与湖南华越公司长达5年的马拉松式的"老干妈"商标权属之争。

北京高院最终判决"老干妈"归属于贵阳老干妈公司,然而,其维权之路才刚刚开始。贵阳老干妈公司又投入了与"老干爹"的口水战。①

贵阳老干妈公司在一份递交给贵州省省政府的紧急报告中称,"老干爹"借助"老干妈"之名在市场上大肆销售。在各地市场及超市中,老干爹公司有意将产品与老干妈产品摆放一处销售,甚至制造"亲戚关系",其目的在于混淆品牌,误导消费者。②

面对很多企业的"搭便车"行为,贵阳老干妈公司的负责人表示这场维权战争会坚持打下去:"我们与'老干爸''老干娘''老干爹'等产品没有任何关系,这些企业的做法属于'搭便车'行为,公司花费了大量的人力、财力,调查、投诉、起诉。"

面对贵阳老干妈公司的强势出击,老干爹公司作出回应:"早在1997年'老干爹'就已经申请了头像瓶贴的外观设计专利,'搭便车'是不负责任的说法。如果打官司我们奉陪到底。"老干爹公司的总经理邓承俐表示,"20世纪80年代初我们是经营饭店的,其中一位老师傅常被顾客称为'老干爹',公司因此而得名,开始大批量生产辣椒酱,并不是抄袭'老干妈'。"看来对于贵阳老干妈公司来讲,商标争执之路仍然漫长。③

---

① 刘子阳."老干妈"是怎样炼成的[N].法治周末,2013-02-19.
② 刘子阳."老干妈"是怎样炼成的[N].法治周末,2013-02-19.
③ 刘子阳."老干妈"是怎样炼成的[N].法治周末,2013-02-19.

第十章

绝不偷税漏税

老干妈从来不拖欠国家一分一厘,这才是做企业,也是我们的能力,你拖欠或者偷漏是很不好的。我们没有负债,不欠国家税收,也没有贷款,贴息贷款我都不要,干干净净,一身清白,该赚的钱我就赚,不干净的钱我不要。

——老干妈创始人　陶华碧

"我明明纳税第一，怎么给我弄到第二，30万税款你们给我弄哪里去了？"

在关于老干妈的公开报道中，关于纳税的篇幅几乎占据报道的三分之一。有时候在接受媒体采访时，说到纳税，陶华碧就会激动。有一次凤凰网记者陈芳采访陶华碧，讲到纳税时，陶华碧竟然当着陈芳的面突然站起身，怒拍桌子说："你给我查清楚，我明明纳税第一，怎么给我弄到第二，30万税款你们给我弄哪里去了？"

陶华碧为什么要发火呢？是因为2012年老干妈纳税4亿元，税务部门却少报30万元税款。

"我主动来纳税，他还刁难我！"

多年以来，在采访中，陶华碧始终只谈两组数字：一是老干妈给国家缴纳了多少税；二是帮助了多少农户。2014年，陶华碧曾介绍说道："老干妈在过去3年间缴了18亿元的税，带动800万农民发家致富。"

在陶华碧看来，积极纳税不仅是诚信经营，更是社会责任。相关数据显示，老干妈1997年企业产值1 400万元，上缴税金86万元；1998年企业产值5 014万元，上缴税金329万元；1999年企业产值1.26亿元，上缴税金1 500万元；2000年企业产值1.5亿元，上缴税金2 464万元；2001年企业产值2.15亿元，上缴税金3 700万元；2002年企业产值3.8亿元，上缴税金5 188万元；2003

第十章 绝不偷税漏税

年企业产值6.25亿元,上缴税金7 800万元;2004年企业产值8.08亿元,上缴税金7 500万元;2005年企业产值10亿元,上缴税金1.4亿元;2006年企业产值12亿元,上缴税金1.67亿元;2013年企业产值37.2亿元,上缴税金5.1亿元……

这一组数据说明,老干妈在纳税上绝不吝啬。老干妈积极缴税与创始人陶华碧有着非常直接的联系,陶华碧积极主动地缴纳税费,绝不偷税漏税。

在创业之初,陶华碧制定的首要原则就是诚信纳税,按照陶华碧的话说,不按时缴税,就睡不着觉。

在贵阳市南明区一次纳税大户评选大会上,由于税务部门少算30万元的税款,老干妈从第一纳税大户变成了第二。陶华碧知道后,立即跟税务部门交涉,税务部门工作人员的意思是私下补上,糊弄过去。

让税务工作人员没有想到的是,陶华碧竟然不吃这一套,奖品和奖金可以一分钱不要,但是要求立刻把这30万元税款补上。陶华碧说:"必须在大会上公开给我个说法,这是你们的工作,也是你们的职责!"

在纳税问题上,陶华碧不止一次跟税务部门的人较真。有一次,陶华碧主动去税务局纳税,工作人员说要送孩子去学校,让陶华碧改天再来。陶华碧怒了,跟该工作人员吵了一架,事后,陶华碧在接受采访时说:"我主动来纳税,他还刁难我!"

照章纳税

企业老板将照章纳税看作企业的义务和责任,这不仅是一种远见卓识的决策,而且还是一种诚信的具体表现。如果一个企业逃税漏税,那么顾客就有理由质疑该企业的诚信。照章纳税多是企业实力和经营业绩的体现,纳税先进企业自然能在消费者心目中树立诚实可信的良好形象。

事实证明,一个企业老板绝不能在国家税收上打折扣,而应用按时足额纳税来包装自己,塑造良好形象,使企业兴旺发达。业内人士认为:"我国税收环境正在发生质的变化,如果再用旧思维来看待税收,教训可能会很惨重,企业应该抛弃做假账的思想,尽量利用税收筹划,合法经营才是企业基业长青和永续经营的前提。"

然而,遗憾的是,逃税漏税是一些企业老板为了增加利润而惯用的伎俩,很多企业老板因此最终毁掉了自己,不但没能给自己苦心经营多年的企业带来一丝好处,反而葬送了企业。

因此,在这里,我要告诫企业老板,照章纳税不仅是企业的义务,而且是企业必须承担的社会责任。

在部分企业老板的意识中,税是上缴给国家的,能漏就漏,能逃就逃。其实,这样的想法是十分错误的。企业逃税漏税一旦被税务稽查查获,将为之付出惨重的代价。不信,我们从一个真实的案例开始谈起。

在2002年年初,震惊中国的、当时最大的偷税案件,犯罪嫌疑人偷逃税金额近2亿元的广州市普耀通讯器材有限公司(以下简称普耀公司)虚开增值税专用发票,涉嫌偷税案宣告侦破。尔后,普耀公司负责人施争辉被捕。

第十章 绝不偷税漏税

据检方介绍,普耀名下的广州、北京、上海等地的数家公司都采用账外经营、设立内外两套账、销售不开具发票或以收据代替发票等方式,大量偷逃税款。

广东省公安厅及佛山市经侦部门深入侦查施争辉操纵的佛山新领域、天赋通讯器材有限公司这两家公司后发现施争辉利用佛山新领域、天赋通讯器材有限公司两家公司作为其在中国销售三星手机的进口发货商,以账外经营等方法进行偷税。

经办案人员查证,在1999年1月至2001年12月的这段时间里,施争辉操纵的佛山新领域、天赋两家公司共获得不含税销售收入近13亿元,偷逃应缴增值税、城建税、营业税、企业所得税等国税、地税近2亿元,占应纳税额的93%以上。普耀公司虚开增值税专用发票税款2 805多万元。就这样,普耀公司在逃税漏税中倒塌了。

当前,很多企业家对企业的社会责任已经达成共识,企业履行社会责任并不一定是要在电视上去当场作秀捐款,最基本的也是最重要的是要管理好自己的企业,而规规矩矩地向政府缴纳税收,不偷税漏税是其中最重要的一条。其实,企业可以合理避税或节税,但前提是不能违反法律。

"别人都说老干妈憨得很,我不憨,我觉得纳税是光荣,我自豪,哪一个要骂我,我要和他骂到底。"

凤凰资讯记者陈芳在关于陶华碧的报道中是这样开头的:电

影《中国合伙人》结尾,有一张面孔一闪而过,有留学生称其为"女神",因为在海外,中国学生的宿舍里几乎都会有印有她头像的辣椒酱,她就是老干妈陶华碧。① 陶华碧能够获得这样的赞誉,与其一分钱税都不会漏的经营思想有关。

在《中国合伙人》电影中,"中国的英雄是可以跪的,甚至可以从别人的胯下钻过去"这句话引发了企业经营者们的反思。电影中的主角成东青,在警察面前唯唯诺诺装孙子的样子给观众留下了深刻的印象。

在很多人的印象中,绝大多数本土企业家就如同成东青一样,所谓"识时务者为俊杰",在特殊的环境下,企业要想生存和发展,企业家只能低头。

但是,这样的妥协和退让并非适合任何一个企业家,也可能与其个性有关。在老干妈公司的成长过程中,陶华碧用自己的方式证明了企业家的另外一种活法,也可以把企业做强做大:踏踏实实做企业,一分税钱不偷,一点把柄不留,底气十足地跟他们"打架"。在创业的初期阶段,陶华碧有时候可能一天要打三次"架":跟税务打,跟城管打,跟工商打。

可能读者会问,陶华碧为什么敢跟税务"打架"呢?因为陶华碧把"纳税光荣,偷税可耻"这句话落到实处,让税务没办法。

"纳税是每个人的义务。只有国家富,个人才会富。"

"纳税是每个人的义务。只有国家富,个人才会富。"陶华碧

---

① 陈芳.独家对话老干妈:我不坚强,就没得饭吃[EB/OL].http://news.ifeng.com/exclusive/elite/special/laoganma/.

说,"不管公司经营状况如何,该上交国家的,我们从来不少一分一厘。"

据了解,该公司2017年实现产值45.49亿元,上缴税收7.55亿元。多年来,老干妈公司被各级各部门授予"纳税大户""纳税突出贡献企业"等称号。在2003年1月召开的贵阳市加快发展非公有制经济工作暨表彰大会上,贵阳市市委、市政府对老干妈公司进行了重奖。究其原因,是陶华碧坚持纳税,如同她说的那样:"企业干干净净,一分钱税都不会漏。"

在当下,很多企业家把"纳税光荣,偷税可耻"这句话放到嘴边,却未能真正地落到实处,更是以避税的名义偷逃税款。本来企业经营者积极主动缴纳税款,是每一个纳税企业的义务,一些经营者故意拖欠税款,极大地损害了国家、集体和广大人民的共同利益,同时也让自己的企业陷入重重危机之中。

作为老干妈的创始人,陶华碧是深知"纳税光荣,偷税可耻"的真正含义的。记者问陶华碧:"老干妈企业最被人称道的地方就是纳税,很多企业抱怨税太重。您为什么每次主动纳税?"陶华碧是这样回答的:"早交晚交都要交,从来不拖欠国家一分一厘,这才是做企业,也是我们的能力,你拖欠或者偷漏是很不好的。我们没有负债,不欠国家税收,也没有贷款,干干净净,一身清白,该赚的钱我就赚,不干净的钱我不要。"

陶华碧说:"别人都说老干妈憨得很,我不憨,我觉得纳税是光荣,我自豪,哪一个要骂我,我要和他骂到底。"

在陶华碧看来,积极纳税不是"憨",是光荣。这与国家"纳税光荣,偷税可耻"传递的信息非常吻合。令人遗憾的是,很多企业家却持有与此相反的想法,想方设法偷税逃税,无视国家税法,纳税意识淡薄,与税务人员捉迷藏,给依法收税带来困难。这些企业家认为,税收是国家的,企业能偷就偷,能逃就逃。他们把权利与义务对立起来,这是十分错误的。

2012年5月19日,中央党校国际战略研究所副所长、北京科技大学博士生导师周天勇发表微博称:"今年全国一大批小微企业有可能被税务部门整死。"这条微博立即引发了轩然大波。

2012年5月25日,在接受《中国企业报》记者专访时,周天勇回应称:"绝非危言耸听。减税、清费、发展社区小银行是关键步骤,这方面不动真格的,中小企业会越来越困难,会破产倒闭一大批。"

一位企业家在接受媒体采访时坦言:"如果所有的税费我都严格按照规定缴纳,我的公司马上就会倒闭。如果过去我没有逃税,公司根本活不到今天。"

当然,对于企业家而言,仅仅以这样的理由去逃税漏税显然是不成立的,既然选择了创业之路,无论企业规模大小,都不能逃税漏税。然而,在众多中小企业中,九成企业有逃税行为,这足以引起企业家的反思。

这样的问题在2012年5月北京大学国家发展研究院联合阿里巴巴集团发布的调查报告中得到了印证,该调查报告显示,在调研所涉的1 400多家中西部地区小微企业中,90%企业存在逃税的操作。而该次调研针对中西部地区1 400多家小微企业,涉及四川、重庆、陕西、湖南、湖北等省市。其他调查的数据,也基本是这个比例,甚至更高。

第十章 绝不偷税漏税

很多企业家在经营过程中,为了增加利润,故意逃税漏税。在《一个小企业的逃税式生存:不逃税就倒闭》一文的开篇就描述了企业逃税漏税的问题:"邵林(化名)的公司非常尴尬:再小一点,就是'税务部门懒得管的小虾米';再大一点,就会进入'查收的重点范围',偷逃税费会变得很困难。规范吧,成本巨大;不规范吧,又很难融资和进一步壮大。报纸上'小微企业减税'的大标题印得醒目,但邵林却看都没看就翻了过去。拥有一家有40多名员工、年营业收入1 000多万的企业的他,本应该与这样的新闻息息相关,但他为何如此漠不关心?'再减我也不能交那么多。'他说。'你的公司逃税?'面对这个问题,邵林几乎不假思索地回答:'如果所有的税费我都严格按照规定缴纳,我的公司马上就会倒闭。如果过去我没有逃税,公司根本活不到今天。'"

"我不怕。我们企业走到今天,对国家,就是卖一个煤渣,我都要纳税"

20世纪80年代末到90年代初期,中国私营企业艰难地生存着。财经作家吴晓波在《激荡三十年》是这样描述的:

> 在10月份的一次座谈会上,农业部副部长陈耀邦承认,"行业不正之风使乡镇企业受到损失。如一些部门借治理整顿之际,向企业乱收费、乱摊派、乱罚款。有的部门借行业管理、发放生产许可证、产品评优或供应平价物资等为由,划走、平调乡镇企业或改变乡镇企业的隶属关系。"
>
> 陈耀邦的这段讲话,还只是陈述出了事实的一部分。在

过去的很长时间里,一直存在着一个现象:一些私营业主为了自我保护及得到政策上的支持,便将自己的企业"挂靠"在乡镇集体上,每年缴纳一定的管理费用,其余的资产处置则一切自主。它们被称为是"挂户经营企业"、"红帽子企业"或"假集体企业"。其挂靠原因主要有三:政治原因——避免受到政治歧视和间歇性的整顿打击;经济原因——可以享受集体企业的一些优惠政策,合法获得原材料等;运营原因——在初期,私营企业不受消费者和经济交往单位的信任。

其实,像吴晓波阐述的这些问题普遍存在于当时的环境中。尽管贵阳市远离沿海,但是个人创业同样盛行。丈夫病逝后,陶华碧由于没有正式的工作,为了养家糊口,创业也就成为一个没有选择的选择。尽管如此,经历过"割资本主义尾巴"的陶华碧,毅然坚持纳税,这与当时很多企业家偷税漏税的环境有些格格不入。

很多年后,记者问她:"不少中国民营企业感叹生存环境困难,各种名目税收、各种年检甚至潜规则等,您创业的过程中有没有遇到过来自这方面的压力?"陶华碧却直言不怕工商和税务工作者的真正原因:"我不怕。我们企业走到今天,对国家,就是卖一个煤渣,我都要纳税;对供应商来说,我从不拖欠一分钱;对员工来讲,我按照国家政策不亏待;对顾客,从原材料到每一道工艺,我们都认认真真去做,保证质量。我们非常透明。我的账是公开的,随便你来查。"

在"山雨欲来风满楼"的变革时期,很多企业家都选择了妥

第十章 绝不偷税漏税

协。在《激荡三十年》一书中,吴晓波这样写道:

> 1989年之后,随着宏观形势的紧张和政府对私营企业的严厉整治,这股"挂靠风"突然升温。像山东的王廷江和江苏的蒋锡培那样,把自己的企业捐给集体的案例毕竟不是普遍现象,更多的私营企业主选择了折中的"红帽子"方式,数以十万计的私营企业主纷纷挂靠或归属到国营、集体企业的旗下,据统计,在广东汕头地区,此类企业就有1.5万家之多,占到集体企业注册数的六成左右。1990年中期后,政府及媒体突然关注到了这一现象,并对之进行了深入的调查,《经济日报》记者马立群在一篇调查中认为,"假集体现象是私营企业的趋利避害的行为,不足为怪,但是由于这种现象损害了国家的利益便不能不引起我们的关注。这种企业的大量存在,从表面上看似乎是壮大了集体经济,其实大谬不然。这些企业享受的税收、信贷政策优惠,使国家财政受到了损害。有的地方假集体企业占到注册登记集体企业的80%,如果对其进行清理,国家税收无疑可以有可观的增加。"马立群的这种观点代表了当时相当一批观察家和政府官员的立场。很快,在国务院有关部门的督导下,各地开始了对"红帽子企业"——也就是假集体企业的清理工作。

面对时局的变化,陶华碧依然努力地求生存和发展。在政策相对不稳定的时候,陶华碧必然面对来自工商和税务等部门工作者的诸多压力。

当陶华碧在回答记者提出的"遇到外界压力,很多人可能会选择妥协,你会妥协吗?"的问题时说道:"如果妥协,另外一拨人又会来,还会变本加厉。他都不怕我怕什么?一个人在遇到困难的时候,绝对不要让步,绝对不要跟那个人一样,就要跟他打。要打仗,都要打赢。"

不可否认的是,陶华碧有着这样的勇气,不仅是因为她要生存,更是因为她坚持依法纳税,让工商和税务等部门工作者找不到半点纰漏。陶华碧的做法给中国企业家的启示是,作为企业老板,就必须遵循规则,这个规则就是合法经营、照章纳税。

然而,近年来,中国的地税稽查部门在税务稽查中发现,企业法人指使财务人员做假账偷逃税款的事件多如牛毛,因此而触犯法律被判刑的人员也不在少数,其中以私营企业,特别是家族企业尤为突出。

据地税部门工作人员介绍,私营企业中涉税违法犯罪的共同特点就是,这些企业法人在利益驱使下,尽可能地少缴或者不缴税,经常利用企业财务人员为保住自己"饭碗"的心态,授意、指使财务人员做假账偷逃税款。一般地,企业逃税漏税会采取以下三种手法:

(1)企业法人授意或指使财务人员设置两套账,实行账外经营,内账记录实际收支作为内部核算使用,外账则采取不列,或少列收入的手段用来"应付"税务部门的检查。

(2)企业法人故意向财务人员隐瞒真实经营情况,提供虚假的经营凭证给财务人员记账。

(3)企业法人要求财务人员按"指定"的利润额记账和申报

税费。

  事实上,不管采用什么样的方式逃税漏税,税务稽查人员都能查出来。因此,企业家必须合法经营,照章纳税,特别是照章纳税,这是企业对国家和社会应承担的责任。

附录：老干妈所获荣誉

1998 年

被南明区授予"先进纳税户"称号

被南明区地方税务局授予"先进纳税大户"称号

系列产品被贵阳市政府评定为"贵阳市名牌产品"

被贵阳市政府授予"质量管理先进企业"称号

被贵阳市技术监督局评为"贯彻实施技术监督法规先进企业"

产品"老干妈风味豆豉"被评为"贵州省名牌产品"

1999 年

产品"老干妈风味油辣椒"被评为"贵阳市（推荐）名牌产品"

产品"老干妈风味油辣椒"被评为"贵州省名牌产品"

被贵阳市委、市政府评为"贵阳市十强民营企业"

被南明区评为"经济工作先进单位"

被南明区评定为"十佳纳税企业"

"陶华碧老干妈"商标被评为"贵州省著名商标"

附录：老干妈所获荣誉

被中国食品工业协会授予"全国质量效益型先进企业"称号

2000 年

被评为"贵阳市南明区重点企业"

被评为"贵阳市非公有制经济先进私营企业"

被贵州省委、省政府授予"贵州省非公有制经济'明星企业'"暨"一九九九年度发展乡镇企业'先进企业'"称号

产品"老干妈鲜牛肉末"被评为"贵州省名牌产品"

被农业部评为"全国乡镇企业质量管理先进单位"

2001 年

被贵阳市政府授予"党建文明先进单位"称号

荣获"'十强'纳税大户"称号

被贵州省农业厅等十二厅局评定为"贵州省农业产业化经营重点龙头企业"

被中国食品工业协会评定为"中国农业产业化经营 20 大龙头食品企业"

系列产品被评为"2001 中国国际农业博览会名牌产品"

2002 年

被贵州省国家税务局和贵州省地方税务局共同评定为"诚信纳税企业"

被贵阳市人民政府授予"非公有制工业企业党建先进单位"

被贵州省委、省政府授予"1999—2002年度文明单位"称号

被贵州省委、省政府评为"发展乡镇企业先进单位"

年度纳税额在国家税务总局统计的排行榜中名列中国私营企业纳税第五名

通过ISO9001质量管理体系认证

2003年

被贵阳市政府授予"党建文明先进单位"称号

荣获"'十强'纳税大户"称号

被贵阳市委、市政府评为"'十佳'明星企业"

成为"贵州质量诚信企业联盟行业独家发起单位"

被评为"贵州省食品工业杰出企业"

注册商标"老干妈"被评为"贵州省食品工业著名品牌"

被贵阳市南明区委、区人民政府授予"纳税突出贡献企业"称号

被贵阳市人民政府授予"非公有制工业企业党建先进单位"称号

年度纳税额在国家税务总局统计的排行榜中名列中国私营企业纳税第十名

2004年

产品"油辣椒"被评定为"绿色食品"

被中国保护消费者基金会评为"质量放心、用户满意"双优品牌

产品"鲜肉丝豆豉"和"红油腐乳"分别荣获贵阳市优秀新产品三等奖和鼓励奖

荣获"2003年度重点非公有制经济优势企业"称号

注册商标"陶华碧老干妈"被贵州省工商局评为"贵州十佳著名商标"和"消费者喜爱的品牌"

被农业部、发改委、财政部等8部委认定为"农业产业化国家重点龙头企业"

被中国食品安全年会组委会授予"全国食品安全示范单位"

被贵州省国家税务局和地方税务局共同评为"A级纳税信用企业"

年度纳税额在国家税务总局统计的排行榜中名列中国私营企业纳税第二十五名

通过ISO14001环境管理体系认证

2005年

被评为"首届贵州省50家诚信单位"

被授予"依法治厂示范单位"

被授予"贵州省知识产权试点单位"

被农业部、发改委、财政部等8部委评为"全国农业产业化优秀重点龙头企业"

被授予中国食品博览会参展产品"最佳成果奖"

产品"鲜肉丝豆豉"、"香辣脆"、"辣三丁"和"辣子鸡"被评为"贵阳市(推荐)名牌产品"

被农业部评为"全国农产品加工示范企业"

被贵州省国家税务局和地方税务局共同评为"A级纳税信用企业"

年度纳税额在国家税务总局统计的排行榜中名列中国私营企业纳税第三十七名

2006 年

通过 HACCP 认证

系列产品荣获 2006"开磷杯"多彩贵州旅游商品两赛一会贵阳市选拔赛旅游商品设计大赛优秀奖

系列产品荣获 2006"开磷杯"多彩贵州旅游商品设计大赛特别提名奖

荣获"中国名牌产品"称号

荣获"2005—2006年度全国食品工业优秀龙头食品企业"称号

2007 年

"陶华碧老干妈及图"荣获驰名商标

2014 年

老干妈入选 2014 年中国最有价值品牌 500 强榜单,以 160.59 亿元的品牌价值名列第 151 位。

参考文献

[1]陈璐.当中关村创客遇上"老干妈"[N].中国青年报:09版,2015-02-03.

[2]陈培根.企业不可穿上"红舞鞋"[J].商界·评论,2006(1).

[3]陈治家.格力:不拿消费者做实验[N].广州日报,2012-10-01.

[4]陈子萍.坚守不上市的"老干妈"赢得掌声 2020年辣椒酱行业市场规模将达400亿[EB/OL],2018-02-17.https://www.qianzhan.com/analyst/detail/220/180217-f942289b.html.

[5]崔丽,张莹.董明珠:水至清亦有鱼[N].中国青年报,2013-11-20.

[6]范媛.寻找失传的"工匠精神"[N].中国经济时报,2016-04-11.

[7]国语洋,张蕊.盲目跟风开店 香辣鸭脖子店关门一大半[N].新晚报,2007-02-06.

[8]郝北海."老干妈":逆营销下塑造商业传奇[N].科技日报,2015-01-13.

[9]黄应来.代表雷军:中国产品与日本德国最大的差距是缺

乏工匠精神[N].南方日报,2016-03-06.

[10]海洋.陶华碧"老干妈"的坚守[J].新食品,2016(18).

[11]葛守昆.老干妈"老辣"的生意经[J].企业文化,2017(11).

[12]沪正."老干妈"的"麻辣"王道[J].企业文化,2017(1).

[13]经宝.不贷款、不融资、不上市"老干妈"不上市给政府和企业的启示[N].企业家日报:第09版,2014-04-25.

[14]姬万里.洞见:互联网时代,我们能做什么[N].经济视点报,2014-03-27.

[15]刘勇.老干妈首次回应:无神秘人 仍由陶华碧两子控股[N].羊城晚报,2017-02-17.

[16]李春平."老干妈"陶华碧不再持股老干妈2014年已悄然退出[N].新京报,2017-02-12.

[17]李丙羊.口碑营销魔与道[J].企业家信息,2013(1).

[18]力鸿.集中一点——"小而专、小而精"战略[J].中国中小企业,2002(03).

[19]刘子阳."老干妈"是怎样炼成的[N].法治周末,2013-02-19.

[20]林冈.被低估的"老干妈"[N].青岛日报:第08版,2013-03-04.

[21]林剑萍.偏执狂与客户体验[J].中国对外贸易,2012(10).

[22]林木."老干妈"诚信打天下[J].全球商业经典,2016(12).

[23][美]伊查克·麦迪思.企业生命周期[M].北京:中国社会科学出版社,1997.

[24]仇晓东,段任飞.屡打不止 贵阳"老干妈"饱受侵权之苦.

中国商报知识产权导报,2013-10-10.

[25]苏秋文.贵阳"老干妈"市场调查[J].环球市场信息导报,2016(3).

[26]搜食网."老干妈"陶华碧的传奇故事[EB/OL],2014-3-03.http://www.101ko.com/? viewnews-88526.

[27]施杏庄.近代果报见闻录之王和尚[M].莆田:福建莆田广化寺,1993.

[28]陶华碧.特立独行的"老干妈"[J].现代企业文化,2017(Z1).

[29]唐福敬,黄莎莎.有华人的地方就有"老干妈"——陶华碧一家调制的贵州味道[J].当代贵州,2008(24).

[30]田涛,吴春波.下一个倒下的会不会是华为[M].北京:中信出版社,2012.

[31]田雅楠.老干妈公司品牌战略分析[J].现代商业,2018(3).

[32]王成荣,李诚,王玉军.老字号品牌价值[M].北京:中国经济出版社,2012:P100.

[33]王达.司法权与行政权关系之探讨——对"老干妈"一审二审判决的异议[J].法律适用:国家法官学院学报,2001(10).

[34]汪文."老干妈"陶华碧的传奇人生[J].企业文化,2016(5).

[35]武贵秀,王秦俊.农产品品牌化发展中的问题与对策——以"老干妈"为例[J].山西农经,2016(11).

[36]徐杰.浙江多家企业遭银行抽贷破产:2千万高利贷须还

6千万[N].每日经济新闻,2013-02-01.

[36]新浪博客.辣椒:从世界的尽头到你的地头[EB/OL].2016-12-13.http://blog.sina.com.cn/s/blog_9c6967890102x856.html.

[37]云衣.老土"老干妈"[N].城市经济导报,2013-03-19.

[38]杨沁锟.老干妈为何稳胜"老干爹们"[J].农产品市场周刊,2016(22).

[39]袁家菊.基于波特模型的我国农产品加工工业的竞争强度与竞争战略——以"老干妈"企业为例[J].安徽农业科学,2011(14).

[40]俞康.老干妈的生意经:斥巨资打假造口碑[N].南方都市报,2014-04-18.

[41]王志文.好一个"老干妈"[N].中国国门时报,2012-11-05.

[42]中国经营网."老干妈"是如何炼成的[EB/OL].2014-04-10.http://www.cb.com.cn/companies/2014_0410/1053345.html.

[43]制冷快报编辑部.格力空调:坚决不拿消费者作试验品[N].制冷快报,2012-05-07.

[44]中国企业家.任正非(华为公司):还会封闭多久[J].中国企业家,2001(12).

[45]朱国栋.徐冠巨新传:再造传化物流帝国[N].上海证券报,2007-10-16.

[46]朱剑平,王春.亚星化学山东海龙陨落 大股东"抽血"不断[N].上海证券报.2012-09-25.

[47]周攀峰.企业边界:强者有疆[J].中国商业评论,2007(02).

[48]周健.它们都像"老干妈"——重回企业基本价值面[J].企业观察家,2016(1).

[49]张平.老干妈拒绝上市让谁汗颜[N].城市导报:第14版,2014-04-15.

[50]郑斯亮."老干妈"是口味标识还是商标使用?[N].知识产权报,2017-06-15.

后 记

在中国,老干妈这个品牌知名度之高,超出很多消费者的想象,被媒体称为近乎无人不知的品牌。

这样一个金字招牌,却是一个没有上过一天学,连自己的名字都不会写的贵州遵义人陶华碧创造的。这个低调的企业家被媒体聚焦,源于2012年,陶华碧以36亿元人民币的身家,登上"胡润中国富豪排行榜"的榜单。此后,各种报道如漫天飞雪,迅速传播开来。

陶华碧在1989年白手起家,到现在老干妈成为全国的知名品牌,企业创下3年缴税18亿元,产值68亿元的成绩,并且直接间接带动800万农民致富,创造了"有华人的地方就有老干妈"的传奇。2014年11月,贵州省政府奖励老干妈一辆牌号贵AA8888劳斯莱斯的汽车。

在偏远的贵州,陶华碧究竟如何做出这样的业绩让消费者、媒体、政府都刮目相看呢?又是什么样的驱动力促使陶华碧打造老干妈帝国的呢?没有上过学的陶华碧又是如何管理老干妈这个冠军企业的呢?……

怀着诸多疑问,我们开启了探索老干妈成功原因之旅,力求

后 记

挖掘和分析中国企业的先进管理经验以及成功之道。我们相信企业管理者以及所有渴望成功的人,都将在本书内找到成功的经验以及自己想要的内容,同时,希望本书也能引起追求发展的个人和企业做出思考。

这里,感谢"财富商学院书系"的优秀工作人员,他们参与了本书的前期策划、市场论证、资料收集、书稿校对、图表制作等工作。

以下人员对本书的完成亦有贡献,在此一并感谢:周梅梅、吴旭芳、简再飞、周芝琴、吴江龙、吴抄男、赵丽蓉、周斌、周凤琴、周玲玲、金易、汪洋、兰世辉、徐世明、周云成、周天刚、丁启维、吴雨凤、张著书、蒋建平、张大德、周凤琴、何庆、李嘉燕、陈德生、丁芸芸、徐思、李艾丽、李言、黄坤山、李文强、陈放、赵晓棠、熊娜、苟斌、佘玮、欧阳春梅、文淑霞、占小红、史霞、陈德生、杨丹萍、沈娟、刘炳全、吴雨来、王建、庞志东、姚信誉、周晶晶、蔡跃、姜玲玲、霍红建、赵立军、王彦、厉蓉、李艾丽、李言、李文强、丁文、兰世辉、徐世明、李爱军、叶建国、欧阳春梅等。

任何一本书的写作,都是建立在许许多多人的研究成果基础之上的。在写作过程中,笔者参阅了相关资料,包括电视、图书、网络、报纸、杂志等资料,所参考的文献,凡属专门引述的,我们尽可能地注明了出处,其他情况则在书后附注的"参考文献"中列出,并在此向有关文献的作者表示衷心的谢意!如有疏漏之处还望原谅。

本书在出版过程中得到了许多专家、业内人士以及出版社的编辑等的大力支持和热心帮助,在此表示衷心的谢意。

感谢本书法律顾问丁应桥律师。

由于时间仓促,书中纰漏难免,欢迎读者批评指正(E-mail:zhouyusi@sina.com)。同时也欢迎约稿、讲课和战略合作。

联系方式:E-mail:450180038@qq.com;

荔枝微课:周锡冰讲台;

微信号:xibingzhou;

公众号:caifushufang001。

周锡冰

2018 年 8 月 18 日于财富书坊